Dr. Oetker

Party Desserts

Dr. Oetker

Party Desserts

Dr. Oetker Verlag

04

Party Desserts

Eigentlich sind alle satt ... aber mal ehrlich: Erst die traumhaft-süßen Leckereien zum Abschluss machen ein Buffet perfekt und setzen dem Menü das königliche Krönchen auf. Nicht selten halten sich die echten Naschkatzen unter den Gästen bei den herzhaften Angeboten sogar zurück, um bei Tiramisu, Mousse au chocolat oder Apfelstrudel so richtig hingebungsvoll schlemmen zu können.

Egal ob fruchtig-leichtes Pfirsich-Cassis-Gelee, verführerisch-cremiges Erdbeer-Kokos-Trifle, frisch gebackener und noch lauwarmer Quarkauflauf oder eiskalter und auf der Zunge schmelzender Eis-Gugelhupf: Bei diesen Dessertrezepten sind Ihnen die selig lächelnden Gesichter Ihrer Gäste, begleitet von vielen „Ahhhs" und „Ohhhs", sicher.

Da es bei Feiern und Partys in großen Kreisen immer eine schöne Idee ist, sich die Aufgaben zu teilen, haben wir viele Köstlichkeiten in diesem Buch mit Tipps zum Vorbereiten und Transportieren versehen.

Alle Rezepte wurden von Dr. Oetker ausprobiert und sind so beschrieben, dass Ihnen das Ergebnis vollen Genuss garantiert.

Seite 08–49

Fruchtgenuss

Seite 50–107

Cremegenuss

Seite 108–137

Backgenuss

Seite 138–155

Eisgenuss

08

Frucht-genuss

Aromatische Früchte, bunt und vielfältig wie das Leben selbst, verlocken zum Genießen. Sie lieben Klassiker wie Rote Grütze oder Pfirsich-Melba-Dessert? Vielleicht suchen Sie neue Geschmackserlebnisse? Dann beeindrucken Sie Ihre Gäste mit Ziegenfrischkäse-Nocken auf Thymian-Orangen.

Tipp zum Vorbereiten

* Die Himbeersauce können Sie gut vorbereiten und im Kühlschrank aufbewahren. Zum Servieren müssen Sie lediglich das Eis portionieren und mit den vorbereiteten Pfirsichen und der Sauce garnieren.

Pfirsich-Melba-Dessert

Klassisch – mit Likör

Zubereitungszeit: 20 Minuten (ohne Antauzeit)
12 Portionen

Für die Sauce:
600 g TK-Himbeeren
6 EL Puderzucker
2 TL Zitronensaft
2 EL Orangenlikör
12 abgetropfte Pfirsichhälften (aus der Dose)
4 EL Zitronensaft
1 l Vanille-Eiscreme

evtl. einige vorbereitete Minzeblättchen

01 Für die Sauce die Himbeeren (einige schöne Früchte zum Garnieren beiseitelegen) etwas antauen lassen. Himbeeren mit Puderzucker, Zitronensaft und Orangenlikör pürieren und zugedeckt in den Kühlschrank stellen.

02 Die Pfirsichhälften in eine Schüssel geben und mit Zitronensaft beträufeln.

03 Vanille-Eiscreme mit einem Eisportionierer in Kugeln teilen und in 12 Gläsern verteilen.

04 Die Pfirsichhälften daraufgeben, den Zitronensaft von den Pfirsichen darauf verteilen und mit der Himbeersauce begießen.

05 Das Pfirsich-Melba-Dessert mit den beiseitegelegten Himbeeren und nach Belieben mit einigen abgespülten, trocken getupften Minzeblättchen garnieren.

Tipp: Wenn Kinder mitessen, lassen Sie den Orangenlikör einfach weg. Es schmeckt auch sehr gut, wenn Sie das Dessert zusätzlich mit geschmolzener Schokolade und Himbeeren garnieren und Ihren Gästen servieren.

Pro Portion: E: 2 g, F: 5 g, Kh: 25 g, kJ: 671, kcal: 161, BE: 2,0

Tipp zum Vorbereiten

* Wenn Sie das Tiramisu schon am Vortag zubereiten möchten, sollten Sie 4 Blatt weiße Gelatine nach Packungsanleitung auflösen und unter die Joghurtcreme geben.

Erdbeer-Tiramisu

Gegen „Beerenhunger" – mit Schuss

Zubereitungszeit: 45 Minuten
Kühlzeit: 3 Stunden
12 Portionen

Für das Tiramisu:
500 g Cantuccini (ital. Mandelgebäck)
150 ml frisch gepresster Orangensaft
150 ml Orangenlikör
500 g Erdbeeren
50 g Puderzucker
1 kg Schlagsahne (mind. 30 % Fett)
450 g Joghurt (3,5 % Fett)
250 g Crème double

01 Für das Tiramisu die Böden von 1 oder 2 Auflaufformen mit den Cantuccini auslegen. Den Orangensaft mit dem Orangenlikör mischen. Die Cantuccini damit beträufeln.

02 Erdbeeren abspülen, gut abtropfen lassen, entstielen und halbieren. Die Erdbeeren mit der Schnittfläche nach unten auf die Cantuccini legen, mit Puderzucker bestreuen.

03 Die Sahne in 2 oder 3 Portionen steif schlagen. Joghurt und Crème double unter die Sahne rühren.

04 Die Joghurt-Sahne-Creme auf die Erdbeeren geben und in leichten Wellen verstreichen. Das Erdbeer-Tiramisu zugedeckt etwa 3 Stunden in den Kühlschrank stellen.

Tipp: Bestäuben Sie das Erdbeer-Tiramisu vor dem Servieren mit einer dicken Schicht Kakaopulver.

Pro Portion: E: 8 g, F: 42 g, Kh: 46 g, kJ: 2563, kcal: 613, BE: 4,0

14

Tipps

zum Transportieren

* Die Dessertgläser oder -becher zugedeckt in einen stabilen Karton stellen. Die Lücken mit etwas Küchenpapier locker ausstopfen, damit die Gläser oder Becher auch während der Fahrt stehen bleiben.

* Die Schokoladensauce erst nach der Ankunft auf dem Dessert verteilen oder separat dazureichen.

Pfirsich-Cassis-Gelee mit weißer Schokoladensauce

Prima vorzubereiten – mit Alkohol

Zubereitungszeit: 40 Minuten
Kühlzeit: 5 Stunden
12 Portionen

Für das Cassis-Gelee:
10 Blatt weiße Gelatine
400 ml Apfelsaft, klar
500 ml roter Johannisbeersaft
Saft von 2 Zitronen
200 ml Cassis-Likör (schwarzer Johannisbeer-Likör)
6 abgetropfte Pfirsichhälften (aus der Dose)
einige Stängel Minze

Für die Schokoladensauce:
150 g weiße Schokolade
300 g Schlagsahne (mind. 30 % Fett)
250 g Joghurt (1,5 % Fett)

01 Für das Gelee Gelatine nach Packungsanleitung einweichen. Apfelsaft in einem Topf leicht erwärmen. Gelatine abtropfen lassen und darin auflösen. Johannisbeer-, Zitronensaft und Cassis-Likör unter ständigem Rühren hinzugeben.

02 Die Pfirsichhälften in Spalten schneiden, dann in 12 kleine Portions-Dessert- oder Saftgläser (je etwa 175 ml Inhalt) verteilen.

03 Minze abspülen, trocken tupfen und die Blättchen von den Stängeln zupfen. Minzeblättchen in Streifen schneiden und in den Gläsern verteilen. Anschließend die Frucht-Flüssigkeit gleichmäßig in den Gläsern verteilen. Die Pfirsichspalten sollen vollständig bedeckt sein. Das Gelee zugedeckt mindestens 4 Stunden im Kühlschrank gelieren lassen.

04 Für die Sauce Schokolade in grobe Stückchen brechen und in eine Schüssel geben. Die Sahne in einem Topf erhitzen, aber nicht kochen lassen. Die heiße Sahne über die Schokolade gießen. Schokolade unter Rühren in der Sahne schmelzen lassen. Die Schokoladensahne lauwarm abkühlen lassen, dann den Joghurt unterrühren. Die weiße Schokoladensauce bis zum Servieren zugedeckt in den Kühlschrank stellen, aber mindestens 30 Minuten gut durchkühlen lassen.

05 Die Schokoladensauce gleichmäßig auf dem Gelee verteilen oder separat dazureichen.

Tipps: Statt Cassis-Likör können Sie auch Cassis-Sirup verwenden. Möchten Sie frische Pfirsiche verwenden, müssen Sie die Früchte zunächst mit kochendem Wasser überbrühen und die Schale abziehen. Die Früchte anschließend halbieren, entsteinen und dann wie im Rezept beschrieben weiter verarbeiten.

Pro Portion: E: 4 g, F: 12 g, Kh: 24 g, kJ: 1046, kcal: 250, BE: 2,0

Tipp zum Vorbereiten

* Die Birnenhälften in dem Glühweinsud am besten über Nacht durchziehen lassen, dadurch wird der Geschmack noch intensiver und die Birnenhälften erhalten eine schöne rote Farbe.

Lebkuchenmousse mit Glühweinbirnen

Schmeckt nach Weihnachten – mit Alkohol

Zubereitungszeit: 50 Minuten (ohne Abkühlzeit)
Kühlzeit: 3–5 Stunden
12 Portionen

Für die Lebkuchenmousse:
9 Blatt weiße Gelatine
9 Eigelb (Größe M)
3 Eier (Größe M)
300 ml Milch (3,5 % Fett)
150 g Zucker
300 g Lebkuchen
300 g Zartbitter-Kuvertüre
3 TL Lebkuchengewürz
120 ml Rum
750 g Schlagsahne (mind. 30 % Fett)

Für die Glühweinbirnen:
je 3 Bio-Zitronen und Bio-Orangen (unbehandelt, ungewachst)
1 ½ l Rotwein
600 ml Portwein
600 ml Orangensaft
600 g Zucker
12 Gewürznelken
6 Zimtstangen
12 mittelgroße Birnen
750 ml Glühwein (von den Birnen)
6 gestr. TL Speisestärke
2 EL Wasser

Zum Garnieren:
3 Lebkuchen
1 großes Stück Zartbitter-Kuvertüre zum Hobeln

01 Für die Mousse Gelatine nach Packungsanleitung einweichen. Eigelb, Eier, Milch und Zucker mit einem Schneebesen gut verrühren, in einer Schüssel über dem heißen Wasserbad schaumig schlagen. Die Schüssel aus dem Wasserbad nehmen. Gelatine leicht ausdrücken, in der Creme unter Rühren vollständig auflösen.

02 Lebkuchen in sehr kleine Würfel schneiden. Die Kuvertüre in kleine Stücke hacken. Lebkuchengewürz mit Rum verrühren, mit den Kuvertürestückchen und Lebkuchenwürfeln unter die noch warme Eiercreme rühren. Die Creme abkühlen lassen.

03 Sahne steif schlagen und vorsichtig unter die Creme heben. Mousse in eine Schale füllen und zugedeckt 3–5 Stunden in den Kühlschrank stellen.

04 Für die Birnen inzwischen Zitronen und Orangen heiß abwaschen, abtrocknen und die Schalen fein abreiben. Rotwein, Portwein, Orangensaft, Zucker, Nelken und Zimtstangen in einen großen, breiten Topf geben. Die Zutaten aufkochen lassen.

05 Birnen heiß abwaschen, abtrocknen, der Länge nach halbieren. Die Kerngehäuse mit einem Kugelausstecher entfernen. Birnen in den Glühweinsud legen, bei mittlerer Hitze etwa 5 Minuten köcheln lassen. Den Topf von der Kochstelle nehmen. Birnen in dem Sud erkalten lassen. Nelken und Zimtstangen entfernen.

06 Birnen aus dem Sud nehmen, trocken tupfen. Von dem Sud 750 ml in einem Topf zum Kochen bringen. Stärke mit Wasser anrühren, unter den Sud rühren und unter Rühren aufkochen. Die Sauce abkühlen lassen. Birnenhälften fächerartig aufschneiden.

07 Zum Garnieren Lebkuchen in sehr kleine Würfel schneiden. Von der Mousse mithilfe eines Löffels (Löffel jeweils vor dem Abstechen der Nocken in heißes Wasser tauchen) Nocken abstechen und dekorativ mit Birnenfächern, Glühweinsauce und Lebkuchenwürfeln auf Tellern anrichten. Von der Kuvertüre mit einem Messer dünne Locken abhobeln und auf die Teller streuen.

Pro Portion: E: 13 g, F: 43 g, Kh: 84 g, kJ: 3547, kcal: 847, BE: 7,0

Tipp zum Vorbereiten

* Das Dessert lässt sich gut vorbereiten und zugedeckt im Kühlschrank aufbewahren. Garnieren Sie die Vanille-Quark-Creme dann jedoch erst kurz vor dem Servieren mit den restlichen Früchten und den Zitronenmelisseblättchen.

Fruchtige Vanille-Quark-Creme

So schlicht, so großartig

Zubereitungszeit: 35 Minuten
12 Portionen

Für die Creme:
1,25 kg Magerquark
250 g saure Sahne
150 g Zucker
3 Pck. Dr. Oetker Bourbon-Vanille-Zucker
3–6 EL Zitronensaft
75 ml Kirschsirup
600 g Erdbeeren
300 g gemischte Beeren (Himbeeren, Brombeeren, Heidelbeeren)

evtl. einige Zitronenmelisseblättchen zum Garnieren

01 Für die Creme den Quark mit der sauren Sahne in einer Schüssel cremig rühren. Zucker, Vanille-Zucker, Zitronensaft und Kirschsirup unterrühren.

02 Die Erdbeeren abspülen, gut abtropfen lassen, vierteln und entstielen. Die gemischten Beeren verlesen, evtl. abspülen und vorsichtig trocken tupfen.

03 Drei Viertel der Erdbeeren mit der Hälfte der gemischten Beeren vorsichtig unter die Quarkcreme heben.

04 Die Creme gleichmäßig in 12 Dessertschalen geben, mit den restlichen Früchten und nach Belieben mit abgespülten, trocken getupften Zitronenmelisseblättchen garnieren.

Tipps: Noch fruchtiger wird das Dessert, wenn Sie den Quark mit pürierten Beeren anstelle von saurer Sahne verrühren. Dafür einfach 450 g vorbereitete Beeren pürieren, durch ein Sieb streichen und mit Vanille-Zucker und Zucker abschmecken. Auf den Zitronensaft können Sie dann evtl. verzichten. Sehr lecker schmeckt die Quarkcreme auch, wenn Sie den Kirschsirup durch die gleiche Menge Maraschino (ital. Kirschlikör) ersetzen.

Pro Portion: E: 15 g, F: 3 g, Kh: 27 g, kJ: 833, kcal: 199, BE: 2,0

20

☛ Tipp zum Vorbereiten

* Das Dessert lässt sich bis einschließlich Punkt 6 sehr gut am Vortag zubereiten. Zum Servieren müssen Sie es nur noch anrichten.

Ziegenfrischkäse-Nocken auf Thymian-Orangen

Provenzalisch inspiriert

Zubereitungszeit: 30 Minuten
Kühlzeit: 2–3 Stunden
12 Portionen

Für die Ziegenfrischkäse-Nocken:
2 Bio-Zitronen (unbehandelt, ungewachst)
250 g milder Ziegenfrischkäse
250 g Crème légère
2 Btl. aus 1 Pck. Gelatine fix
70 g Zucker
3–4 EL milder flüssiger Honig
250 g Schlagsahne (mind. 30 % Fett)

Für die Thymian-Orangen:
4–5 Stängel Zitronen-Thymian
6–8 kleine Orangen
30 g Zucker
2 EL Wasser

01 Für die Frischkäsenocken die Zitronen heiß abwaschen, abtrocknen und etwa 1 Teelöffel von der Schale fein abreiben. Anschließend die Zitronen halbieren und den Saft auspressen.

02 Den Ziegenfrischkäse nach Belieben durch ein feines Sieb streichen. Ziegenfrischkäse mit Zitronensaft, -schale und Crème légère in einer großen Schüssel mit einem Schneebesen glatt rühren. Das Gelatinepulver nach und nach unter kräftigem Rühren einstreuen, dann noch etwa 1 Minute weiterrühren. Zuletzt Zucker und Honig gut unterrühren.

03 Die Sahne steif schlagen und dann unter die Frischkäsemasse heben. Die Frischkäsecreme in eine Schüssel geben und zugedeckt 2–3 Stunden in den Kühlschrank stellen.

04 Für die Thymian-Orangen Thymian abspülen, trocken tupfen und die Blättchen von den Stängeln zupfen. Die Orangen so schälen, dass die weiße Haut mitentfernt wird. Die Orangen filetieren. Dabei den austretenden Saft auffangen und auch die Trennhäute ausdrücken.

05 Zucker und 2 Esslöffel Wasser in einem Topf mischen. Die Zuckermischung bei starker Hitze zum Kochen bringen, dann goldgelb karamellisieren lassen. Orangensaft, -filets und Thymian zugeben. Den Topf von der Kochstelle nehmen und alles durchschwenken, bis sich der Karamell löst.

06 Die Filets und den Sirupfond in eine große Auflaufform geben und erkalten lassen.

07 Die Thymian-Orangen auf 12 Desserttellern anrichten. Von der Frischkäsecreme mit einem großen Löffel Nocken (Löffel jeweils vor dem Abstechen der Nocken in heißes Wasser tauchen) abstechen und jeweils 2 Nocken auf den Thymian-Orangen anrichten.

Pro Portion: E: 4 g , F: 15 g, Kh: 22 g, kJ: 1030, kcal: 247, BE: 2,0

Fruchtiger Salat mit Saure-Sahne-Sauce

Mit feinem Orangenlikör

Zubereitungszeit: 45 Minuten
12 Portionen

Zum Vorbereiten:
60 g gehobelte Haselnusskerne

Für den Salat:
6 Äpfel
3 EL Zitronensaft
6 Orangen
3 Kiwis
3 Bananen
300 g Erdbeeren
600 g grüne und blaue Weintrauben
6 EL Zucker

Für die Sauce:
450 g saure Sahne
2 EL Puderzucker
6 EL Orangenlikör

01 Zum Vorbereiten Haselnusskerne in einer Pfanne ohne Fett unter Wenden goldbraun rösten und auf einen Teller geben.

02 Für den Salat Äpfel schälen, vierteln und die Kerngehäuse entfernen. Die Apfelviertel in Scheiben schneiden und mit Zitronensaft beträufeln. Die Orangen so schälen, dass die weiße Haut mitentfernt wird. Die Orangen filetieren. Kiwis und Bananen schälen.

03 Das vorbereitete Obst in Stücke schneiden und in einer Schüssel mit dem Zitronensaft und den Äpfeln mischen.

04 Erdbeeren abspülen, abtropfen lassen und entstielen. Weintrauben abspülen, trocken tupfen, halbieren und entkernen. Erdbeeren, Weintrauben und Zucker zu dem Obst in die Schüssel geben und vorsichtig untermengen. Den Salat in 12 Longdrinkgläser geben.

05 Für die Sauce saure Sahne mit Puderzucker und Orangenlikör gut verrühren. Die Sauce auf dem Salat verteilen. Die Haselnusskerne daraufstreuen.

Tipp: Den Orangenlikör können Sie durch die gleiche Menge Orangensaft ersetzen.

Tipp zum Mitnehmen

* Bereiten Sie den Obstsalat zu und verteilen Sie die Portionen in 12 Schraubgläsern. Die Saure-Sahne-Sauce nehmen Sie getrennt davon in einer gut schließenden Glasflasche, die Haselnusskerne geröstet in einem kleinen Beutel oder einem Döschen mit. Transportieren Sie den Salat vor Wärme geschützt.

Pro Portion: E: 4 g, F: 8 g, Kh: 39 g, kJ: 1077, kcal: 257, BE: 3,5

Tipp zum Transportieren

* Das Dessert in einer klaren Kunststoffschüssel, die sich mit einem Deckel dicht verschließen lässt, transportieren. Oder das Dessert portionsweise in hohe, klare Kunststoffbecher füllen. Die Becher dann mit einem Deckel oder Frischhaltefolie zudecken und in einen stabilen Karton stellen. Die Lücken mit etwas Küchenpapier ausfüllen, damit die Becher Halt haben und stehen bleiben.

Himbeer-Schicht-Traum

Beschwipste Kalorien waren noch nie so lecker

Zubereitungszeit: 30 Minuten
Kühlzeit: 2–4 Stunden
12 Portionen

Für die Quarkcreme:
600 g Schlagsahne (mind. 30 % Fett)
3 Pck. Dr. Oetker Vanillin-Zucker
500 g Schichtkäse (20 % Fett)
750 g Speisequark (20 % Fett)

1 kg TK-Himbeeren
150 g Baisertropfen (Fertigprodukt)

200 ml Eierlikör
75 g Zartbitter-Raspelschokolade

01 Für die Quarkcreme die Sahne steif schlagen, Vanillin-Zucker unterrühren. Schichtkäse in einer großen Rührschüssel mit einem Mixer (Rührstäbe) glatt rühren. Den Quark hinzugeben und beides zu einer glatten Masse verrühren. Die Sahne in 2–3 Portionen vorsichtig unterrühren.

02 Von den Himbeeren einige zum Garnieren beiseitelegen. In eine große Dessertschale zunächst ein Viertel der Quarkcreme geben und glatt streichen. Ein Drittel der Baisertropfen mit den Händen grob zerbröseln und daraufgeben. Ein Drittel der Himbeeren darauf verteilen. So weiter verfahren, bis die Zutaten aufgebraucht sind. Die letzte Schicht soll aus Quarkcreme bestehen.

03 Ein langes, breites Messer von oben gerade und tief in die Schichten stechen und die Creme vorsichtig zur Seite drücken, sodass eine Öffnung entsteht. Die Öffnung mit etwas Eierlikör füllen. Nach und nach den Eierlikör in 4–5 weiteren Portionen einarbeiten.

04 Die Oberfläche in leichten Wellen verstreichen und mit der Raspelschokolade bestreuen. Die Creme zugedeckt 2–4 Stunden in den Kühlschrank stellen. Die beiseitegelegten Himbeeren auf dem Dessert verteilen oder separat dazureichen.

Tipps: Während der Durchziehzeit tauen die Himbeeren langsam auf und der Saft verbindet sich mit dem Baiser. Im Sommer schmeckt es sehr gut, wenn die Himbeeren noch leicht gefroren sind. Möchten Sie die Himbeeren aufgetaut genießen, lassen Sie das Dessert zusätzlich 1–2 Stunden zugedeckt bei Zimmertemperatur stehen. Den Himbeer-Schicht-Traum möglichst nicht über Nacht stehen lassen.
Sie können den Eierlikör durch Vanillesauce ersetzen.
Statt Schichtkäse 250 g Mascarpone mit einem Mixer (Rührstäbe) steif schlagen. 250 g Magerquark unterrühren und diese Mischung wie im Rezept beschrieben statt des Schichtkäses verwenden.

Pro Portion: E: 17 g, F: 24 g, Kh: 29 g, kJ: 1786, kcal: 427, BE: 2,5

34

Tipp
zum Transportieren

* Das Dessert kann fertig portioniert prima transportiert werden. Die Gläser gut verschlossen in einen stabilen Karton stellen. Die Lücken mit etwas Küchenpapier ausfüllen, damit die Gläser Halt haben und stehen bleiben.

Schichtdessert mit Weintrauben

Gelingt leicht

Zubereitungszeit: 45 Minuten
Kühlzeit: 2 Stunden
12 Portionen

Zum Vorbereiten:
750 g kernlose Weintrauben

Für die Creme:
375 g Schlagsahne (mind. 30 % Fett)
625 g Magerquark
375 g Mascarpone (ital. Frischkäse)
75 ml Milch (3,5 % Fett)
100 g Zucker
1 Pck. Dr. Oetker Finesse Geriebene Zitronenschale
300 g Cantuccini (ital. Mandelgebäck)

Zum Garnieren:
einige Blättchen Zitronenmelisse

01 Zum Vorbereiten Weintrauben in ein Sieb geben, abspülen, gut abtropfen lassen. Weintrauben von den Stängeln zupfen, sehr große Weintrauben halbieren. Einige Weintrauben zum Garnieren beiseitelegen.

02 Für die Creme Sahne steif schlagen. In einer Rührschüssel Quark mit Mascarpone, Milch, Zucker und Zitronenschale zu einer Creme verrühren. Die Schlagsahne in 2–3 Portionen vorsichtig unterheben.

03 Die Cantuccini in einen Gefrierbeutel geben. Den Beutel fest verschließen. Cantuccini mit einer Teigrolle grob zerbröseln.

04 Die Hälfte der Weintrauben in Portionsgläsern oder einer großen Schüssel verteilen. Die Hälfte der Mascarpone-Creme daraufgeben und mit der Hälfte der Cantuccinibrösel bestreuen. Alle Zutaten noch einmal in der gleichen Reihenfolge einschichten. Anschließend das Schichtdessert zugedeckt mindestens 2 Stunden in den Kühlschrank stellen.

05 Zum Garnieren die beiseitegelegten Weintrauben auf der Creme verteilen. Zitronenmelisseblättchen abspülen, trocken tupfen und auf den Weintrauben verteilen.

Tipp: Das Schichtdessert schmeckt auch mit frischen Himbeeren, Erdbeeren oder Kirschen (aus dem Glas) köstlich.

Pro Portion: E: 12 g, F: 26 g, Kh: 39 g, kJ: 1859, kcal: 444, BE: 3,5

Tipp zum Mitnehmen

* Die rote Grütze so in 12 Schraubgläser füllen, dass diese etwa bis zu zwei Dritteln gefüllt sind. Die Gläser mit den Deckeln gut verschließen. Dazu fertige Vanillesauce (aus dem Kühlregal) mitnehmen. Zum Servieren die Vanillesauce auf die Grütze gießen.

Rote Grütze

Nordisch, fruchtig, lecker

Zubereitungszeit: 40 Minuten
Kühlzeit: 45 Minuten
12 Portionen

Für die rote Grütze:

je 500 g Brombeeren, Johannisbeeren, Himbeeren, Erdbeeren (alle Früchte vorbereitet gewogen)

70 g Speisestärke

200 g Zucker

1 l Fruchtsaft, z. B. Sauerkirsch- oder Johannisbeersaft

01 Für die rote Grütze Brombeeren verlesen, evtl. vorsichtig abspülen und gut abtropfen lassen. Johannisbeeren abspülen, gut abtropfen lassen und die Beeren von den Rispen streifen. Himbeeren verlesen, nach Möglichkeit nicht abspülen. Erdbeeren abspülen, abtropfen lassen, entstielen und je nach Größe der Früchte halbieren oder vierteln.

02 Speisestärke mit Zucker mischen, dann mit 8 Esslöffeln von dem Saft anrühren. Den restlichen Saft in einem Topf zum Kochen bringen. Die angerührte Speisestärke unterrühren. Den Saft aufkochen lassen, dann den Topf von der Kochstelle nehmen. Die Beeren unterrühren.

03 Die rote Grütze in eine Glasschale oder in Dessertschälchen füllen und anschließend zugedeckt mindestens 45 Minuten in den Kühlschrank stellen.

Tipp: Die rote Grütze als Dessert mit Vanillesauce oder Sahne oder als süße Mahlzeit für 8 Portionen mit Milch servieren.

Beilage: Für eine **Vanillesauce** 2 Vanilleschoten mit einem Messer der Länge nach aufschneiden und das Mark mit dem Messerrücken herausschaben. 50 g Speisestärke mit 100 g Zucker mischen. Von 1 Liter Milch 6 Esslöffel abnehmen und mit der Stärke-Zucker-Mischung anrühren. Die restliche Milch mit dem Vanillemark in einem kalt ausgespülten Topf zum Kochen bringen. Den Topf von der Kochstelle nehmen und die angerührte Speisestärke mit einem Schneebesen einrühren. Die Sauce unter Rühren kurz aufkochen lassen. Die Sauce heiß servieren oder unter gelegentlichem Rühren erkalten lassen.

Pro Portion: E: 3 g, F: 1 g, Kh: 39 g, kJ: 808, kcal: 193, BE: 3,5

Tipp zum Vorbereiten

* Sie können das Dessert bereits am Vortag zubereiten. Garnieren Sie es erst kurz vor dem Servieren, da die Kirschen sonst die Oberfläche verfärben.

Pudding mit Kirschen und Pumpernickel

Für Schneewittchen

Zubereitungszeit: 40 Minuten (ohne Abkühlzeit)
Kühlzeit: 1 Stunde
12 Portionen

750 g abgetropfte Sauerkirschen (aus dem Glas)

200–250 g Pumpernickel (oder dunkles Vollkornbrot)

Für den Pudding:

1 Pck. Dr. Oetker Pudding-Pulver Vanille- oder Mandel-Geschmack

100 g Zucker

1 ½ l Milch (3,5 % Fett)

3 Eigelb (Größe M)

3 Eiweiß (Größe M)

einige vorbereitete Zitronenmelisseblättchen

01 Von den Sauerkirschen den Saft auffangen und zunächst beiseitestellen. Pumpernickel mit den Händen grob zerbröseln. Etwa 4 Esslöffel davon zum Garnieren beiseitestellen.

02 Von den Kirschen 12 Stück zum Garnieren beiseitelegen. Die restlichen Kirschen mit 6 Esslöffeln von dem aufgefangenen Kirschsaft in eine Schüssel geben. Die Pumpernickelbrösel hinzugeben und die Zutaten gut vermengen. Die Pumpernickel-Kirsch-Masse in 12 Trinkgläsern verteilen.

03 Für den Pudding Pudding-Pulver mit Zucker, 300 ml von der Milch sowie dem Eigelb gut verrühren. Die restliche Milch in einen Topf geben und zum Kochen bringen. Das angerührte Pudding-Pulver in die von der Kochstelle genommene Milch einrühren. Den Pudding unter Rühren noch etwa 1 Minute kochen lassen, dann von der Kochstelle nehmen.

04 Das Eiweiß steif schlagen und unter den kochend heißen Pudding ziehen. Den Pudding anschließend auf die Pumpernickel-Kirsch-Masse geben. Pudding abkühlen lassen, dann zugedeckt mindestens 1 Stunde in den Kühlschrank stellen.

05 Den Pudding mit den restlichen Kirschen, dem Pumpernickel und abgespülten, trocken getupften Zitronenmelisseblättchen garniert servieren.

Tipp: Sie können statt des Kirschsaftes auch Kirschwasser verwenden. Wenn es mal schnell gehen soll, statt des gekochten Puddings 2 Becher (je 500 g) Pudding aus dem Kühlregal verwenden und 250 g steif geschlagene Sahne unterheben. Dann die Pumpernickel-Kirsch-Masse jedoch erst 30 Minuten vor dem Verzehr mit dem Pudding in Gläser schichten, da sich der Pudding sonst mit dem Saft vermischt.

Pro Portion: E: 7 g, F: 7 g, Kh: 37 g, kJ: 1006, kcal: 240, BE: 3,0

Tipp zum Vorbereiten

* Die Nachspeise lässt sich sehr gut am Vortag zubereiten. Dann erst vor dem Servieren garnieren.

Reis Trauttmannsdorff

Genuss in Schichten – mit Alkohol

Zubereitungszeit: 50 Minuten (ohne Abkühlzeit)
Quellzeit: 30 Minuten
12 Portionen

Für den Reis:
1 Vanilleschote
1 l Milch (1,5 % Fett)
500 g Schlagsahne
2 Prisen Salz
150 g Zucker
320 g Milchreis (Rundkornreis)
500 g Schlagsahne (mind. 30 % Fett)

Für die Kirschschicht:
370 g abgetropfte Sauerkirschen (aus dem Glas)
4 EL Kirschwasser

Zum Garnieren:
einige vorbereitete Sauerkirschen
einige vorbereitete Minzeblättchen

01 Für den Reis die Vanilleschote mit einem Messer längs aufschneiden. Milch mit Sahne, Salz, Zucker und aufgeschnittener Vanilleschote in einen Kochtopf geben. Die Zutaten zum Kochen bringen.

02 Den Milchreis hinzufügen, bei schwacher Hitze im offenen Topf ausquellen lassen, dabei ab und zu umrühren.

03 Die Vanilleschote entfernen. Den Reisbrei abkühlen lassen. Anschließend Sahne steif schlagen und unter den Milchreis heben.

04 Für die Kirschschicht die Sauerkirschen mit dem Kirschwasser beträufeln. Dann abwechselnd mit der Milchreiscreme in 12 Gläser schichten. Den Reis mit abgespülten, trocken getupften Sauerkirschen und Minzeblättchen garnieren. Reis Trauttmannsdorff zugedeckt in den Kühlschrank stellen.

Tipps: Wenn der Reis auch für Kinder gedacht ist, können Sie das Kirschwasser durch die gleiche Menge Kirschsaft ersetzen. Die Milchreismenge lässt sich von 320 g auf 250 g reduzieren. Rühren Sie dann zusätzlich 8 Blatt eingeweichte, ausgedrückte weiße Gelatine unter den heißen Reisbrei.
Die Milchreiscreme schmeckt auch mit Erdbeer- oder Himbeerpüree angerichtet sehr gut.

Pro Portion: E: 7 g, F: 30 g, Kh: 46 g, kJ: 2061, kcal: 492, BE: 4,0

42

Tipp zum Vorbereiten

* Sie können das Dessert gut einige Stunden vor dem Verzehr zubereiten. Garnieren Sie die Stracciatella-Creme jedoch erst kurz vor dem Servieren mit Kakaopulver und Minzeblättchen.

Stracciatella-Creme mit Kirschen (Titelrezept)

Cremegekrönt – mit Amaretto

Zubereitungszeit: 40 Minuten
Kühlzeit: 1 Stunde
12 Portionen

etwa 1,1 kg abgetropfte Sauerkirschen (aus dem Glas)
Sauerkirschsaft (aus dem Glas)
etwa 80 g Speisestärke
6 TL flüssiger Honig
125 ml Amaretto (Mandellikör)
500 g Mascarpone (ital. Frischkäse)
750 g Magerquark
300 g Puderzucker
12 Blatt weiße Gelatine
150 g Zartbitter-Schokolade (etwa 50 % Kakaoanteil)
400 g Schlagsahne (mind. 30 % Fett)

etwas Kakaopulver zum Bestäuben
einige vorbereitete Zitronenmelisseblättchen zum Garnieren

01 Von den Sauerkirschen den Saft auffangen. Die Speisestärke mit etwas von dem Kirschsaft anrühren. Restlichen Kirschsaft mit Honig in einem Topf zum Kochen bringen.

02 Die angerührte Speisestärke in den von der Kochstelle genommenen Kirschsaft rühren und unter Rühren aufkochen lassen. Den Topf von der Kochstelle nehmen. Sauerkirschen und Amaretto unterrühren. Die Kirschmasse zugedeckt in den Kühlschrank stellen.

03 Mascarpone mit Quark und Puderzucker in einer Rührschüssel gut verrühren. Gelatine nach Packungsanleitung einweichen. Die Gelatine leicht ausdrücken und in einem kleinen Topf bei schwacher Hitze unter Rühren auflösen.

04 Die aufgelöste Gelatine zuerst mit 3–4 Esslöffeln der Mascarpone-Quark-Masse verrühren, dann unter die restliche Mascarpone-Quark-Masse rühren. Die Schokolade raspeln, die Sahne steif schlagen. Schokoladenraspel und Sahne unter die Mascarpone-Quark-Masse heben. Die Stracciatella-Creme zugedeckt in den Kühlschrank stellen.

05 Die vorbereiteten Kirschen auf einer großen Platte anrichten. Die Stracciatella-Creme daraufgeben und wellenartig verstreichen. Die Oberfläche dick mit Kakao bestäuben. Stracciatella-Creme mit abgespülten und trocken getupften Zitronenmelisseblättchen garnieren.

Tipp: Besonders hübsch sieht es aus, wenn Sie das Dessert in 12 Trinkgläser schichten (Titelfoto). Dafür zunächst die Kirschen in die Gläser geben, dann die Creme darauf verteilen. Die Creme ebenfalls mit Kakao bestäuben und mit Minzeblättchen garnieren.

Pro Portion: E: 14 g, F: 33 g, Kh: 73 g, kJ: 2885, kcal: 689, BE: 6,0

44

Mai-Thai-Quarkspeise

Schmeckt nach Sommer

Zubereitungszeit: 30 Minuten
Kühlzeit: 2 Stunden
12 Portionen

Tipps zum Mitnehmen

* Füllen Sie die Mai-Thai-Quarkspeise in kleine Schraubgläser. Das Dessert kann auch in einer großen Schale angerichtet werden. Mit Frischhaltefolie zudecken und gut gekühlt transportieren und servieren.

Zum Vorbereiten:
4 mittelgroße Orangen
evtl. etwas Orangensaft
200 g abgetropfte Ananasstücke (aus der Dose)

Für die Quarkcreme:
750 g Magerquark
80 ml Limettensaft (von etwa 3 Limetten)
120 g Zucker
2 Pck. Dr. Oetker Vanillin-Zucker
400 g Schlagsahne (mind. 30 % Fett)

Zum Garnieren:
60 g Kokoschips (z. B. aus dem Reformhaus oder der Drogerie)

01 Zum Vorbereiten die Orangen so schälen, dass die weiße Haut mitentfernt wird. Die Orangen filetieren, dabei den austretenden Saft auffangen, 100 ml davon abmessen (evtl. mit Orangensaft aus der Flasche ergänzen) und für die Quarkcreme beiseitestellen. Die Orangenfilets in Stücke schneiden. Die Ananasstücke nach Belieben etwas kleiner schneiden. Die Fruchtwürfel mischen.

02 Für die Quarkcreme Quark mit dem aufgefangenen Orangensaft sowie Limettensaft, Zucker und Vanillin-Zucker in eine Schüssel geben. Die Zutaten glatt rühren. Anschließend die Sahne steif schlagen und unter die Quarkcreme heben.

03 Zunächst die Hälfte der Quarkcreme gleichmäßig in 12 Trinkgläsern verteilen. Anschließend zwei Drittel der Fruchtwürfel in den Gläsern verteilen und mit der restlichen Quarkcreme bedecken. Die Quarkspeise mit den restlichen Fruchtwürfeln garnieren und zugedeckt mindestens 2 Stunden in den Kühlschrank stellen.

04 Zum Garnieren inzwischen die Kokoschips in einer Pfanne ohne Fett goldgelb rösten. Kokoschips auf einen kleinen Teller geben und erkalten lassen.

05 Vor dem Servieren die Quarkspeise mit den Kokoschips bestreuen oder diese separat dazureichen.

Tipp: Für einen **Mai-Thai-Trifle** zerbröseln Sie etwa 280 g Kokoszwieback grob mit den Händen. Schichten Sie im Wechsel die Hälfte der Creme, der Zwiebackbrösel und der Fruchtwürfel ein und wiederholen Sie den Vorgang. Besonders aromatisch schmeckt der Trifle, wenn Sie die Zwiebackbröselschichten zusätzlich mit etwas Rum oder Sirup mit Rumaroma beträufeln.

Pro Portion: E: 10 g, F: 14 g, Kh: 21 g, kJ: 1080, kcal: 259, BE: 2,0

Tipps zum Vorbereiten

* Quarknocken und Himbeer-Kaltschale lassen sich sehr gut am Vortag zubereiten, da sie sehr gut durchkühlen sollen. Die Minz-Melonen besser erst am Tag des Verzehrs zubereiten, da der Minzgeschmack sonst sehr intensiv wird.

Himbeer-Kaltschale mit Quark-Nocken

Fruchtig-frisches Sommerdessert

Zubereitungszeit: 45 Minuten
Kühlzeit: 6 Stunden
12 Portionen

Für die Quarknocken:
6 Blatt weiße Gelatine
500 g Magerquark
8–10 EL Zitronensaft
100 g Puderzucker
250 g Schlagsahne (mind. 30 % Fett)

Für die Himbeer-Kaltschale:
2 Bio-Zitronen (unbehandelt, ungewachst)
1 ½ l Apfelsaft (ohne Zuckerzusatz; Direktsaft)
2 Pck. Dr. Oetker Bourbon-Vanille-Zucker
75 g Perlsago, fein

900 g Himbeeren (frisch oder TK)
400 ml Wasser
50 g Puderzucker

Für die Minze-Melonen:
400 g Honigmelone
3–4 Stängel frische Pfefferminze

01 Für die Nocken Gelatine nach Packungsanleitung einweichen. Quark, Zitronensaft und Puderzucker und glatt rühren. Gelatine leicht ausdrücken und in einem kleinen Topf bei schwacher Hitze unter Rühren auflösen. Die aufgelöste Gelatine zuerst mit etwa 4 Esslöffeln von der Masse verrühren, dann unter die restliche Masse rühren. Quarkcreme in den Kühlschrank stellen.

02 Inzwischen die Sahne steif schlagen. Sobald die Quarkcreme zu gelieren beginnt, die Sahne in 2 Portionen unterziehen. Dann in eine flache Schüssel füllen und zugedeckt im Kühlschrank mindestens 4 Stunden gelieren lassen.

03 Für die Kaltschale Zitronen heiß abwaschen, abtrocknen und die Schale spiralförmig fein abschneiden. Zitronen halbieren, den Saft auspressen. Zitronen-, Apfelsaft, Vanille-Zucker und 1 Zitronenspirale in einem großen Topf zum Kochen bringen. Unter Rühren Sago nach und nach einstreuen. Unter gelegentlichem Rühren 20–25 Minuten leicht kochen lassen, bis die Sagokörner glasig sind.

04 Inzwischen frische Himbeeren verlesen, evtl. kurz abspülen, abtropfen lassen. Wasser, Himbeeren (TK-Himbeeren gefroren), Puderzucker und restliche Zitronenspirale in einem Topf kurz aufkochen lassen, bei schwacher Hitze etwa 3 Minuten ziehen lassen.

05 Ein feines Sieb über den Topf mit der Saft-Sago-Mischung hängen. Himbeeren hineingeben und durchpassieren. Gut durchrühren, nochmals mit Zitronensaft und Puderzucker abschmecken. Zitronenspirale entfernen. Die Kaltschale in einer großen Schüssel zugedeckt in den Kühlschrank stellen.

06 Für die Melonen die Melone halbieren, evtl. vierteln. Kerne mit einem Löffel entfernen. Melonenstücke in feine Scheiben schneiden. Minze abspülen und trocken tupfen. Die Blättchen von den Stängeln zupfen und in feine Streifen schneiden. Melonenscheiben und Minzestreifen mischen.

07 Kaltschale nochmals durchrühren, abschmecken und in Schälchen verteilen. Von der Quark-Sahne-Creme mit einem Esslöffel Nocken abstechen und vorsichtig in die Kaltschale geben. Die Melonenscheiben dekorativ darauf anrichten.

Pro Portion: E: 8 g, F: 7 g, Kh: 43 g, kJ: 1176, kcal: 281, BE: 3,5

Tipp zum Mitnehmen

* Schichten Sie das Dessert in 12 große oder 24 kleine Schraub- oder Weckgläser® ein und verschließen diese mit den Deckeln. Die Gläser lassen sich so gut transportieren.

KiBa-Quark

Fruchtiges Dreamteam

Zubereitungszeit: 30 Minuten
Abkühlzeit: 15 Minuten
12 Portionen

Für das Kirschkompott:
- 740 g abgetropfte Sauerkirschen (aus dem Glas)
- 350 ml Kirschsaft (aus dem Glas)
- 40 g Speisestärke
- 1 großes Stück Bio-Zitronenschale (unbehandelt, ungewachst)
- 50 g Zucker
- 2 Pck. Dr. Oetker Vanillin-Zucker

Für den Bananenquark:
- 3 Bananen
- Saft von 1 Zitrone
- 500 g Magerquark
- 300 g Sahnejoghurt (10 % Fett)
- 60 g Zucker
- 300 g Schlagsahne (mind. 30 % Fett)

01 Für das Kirschkompott von den Kirschen den Saft auffangen und 350 ml davon abmessen.

02 Die Speisestärke mit etwas von dem Kirschsaft glatt rühren. Den restlichen Kirschsaft mit Zitronenschale, Zucker und Vanillin-Zucker in einen Topf geben. Die Zutaten zum Kochen bringen.

03 Die angerührte Stärke einrühren, Saft nochmals aufkochen lassen. Anschließend Kirschen hinzufügen und unterrühren. Den Topf von der Kochstelle nehmen. Das Kirschkompott im kalten Wasserbad abkühlen lassen, dabei zwischendurch mehrmals umrühren. Dann die Zitronenschale entfernen.

04 Für den Bananenquark Bananen schälen, in Stücke schneiden und mit dem Zitronensaft pürieren. Anschließend Quark, Joghurt und Zucker sorgfältig unterrühren. Zuletzt die Sahne steif schlagen und unterheben.

05 Den Bananenquark in 12 hohe Longdrink-Gläser füllen. Das Kirschkompott daraufgeben.

Tipp: Schneller geht es, wenn Sie 500 g fertige Kirschgrütze aus dem Kühlregal auf dem Bananenquark verteilen oder etwa 400 g fertige rote Götterspeise in Würfel schneiden und daraufgeben.

Pro Portion: E: 8 g, F: 11 g, Kh: 36 g, kJ: 1183, kcal: 283, BE: 3,0

Creme-genuss

So cremig, so lecker! Egal ob Karamellcreme mit Knusperfaktor oder die fruchtig-sommerliche Spaghetti-Creme: Hier widersteht niemand und Kalorien werden ab morgen wieder gezählt!

52

☛ Tipp
zum Mitnehmen

* Die Herrencreme mit Frischhaltefolie zugedeckt und vor Wärme geschützt transportieren.

Herrencreme

Klassisch – mit Rum

Zubereitungszeit: 45 Minuten (ohne Abkühlzeit)
Kühlzeit: 2 Stunden
12 Portionen

Für den Pudding:
1 ½ l Milch (3,5 % Fett)
3 Pck. Dr. Oetker Pudding-Pulver Sahne-Geschmack
6 schwach geh. EL Zucker

125 ml brauner Rum
140 g Zartbitter-Raspelschokolade

Für die Creme:
750 g Schlagsahne (mind. 30 % Fett)
3 Pck. Sahnesteif
3 Pck. Dr. Oetker Vanillin-Zucker
70 g Zartbitter-Raspelschokolade

01 Für den Pudding aus Milch, Pudding-Pulver und Zucker einen Pudding nach Packungsanleitung zubereiten. Pudding in eine hitzebeständige Schüssel geben. Frischhaltefolie direkt auf die Puddingoberfläche legen und den Pudding erkalten lassen.

02 Unter den erkalteten, aber noch nicht fest gewordenen Pudding den Rum und die Raspelschokolade rühren.

03 Für die Creme die Sahne fast steif schlagen. Sahnesteif mit Vanillin-Zucker mischen, einstreuen und die Sahne steif schlagen.

04 Etwa drei Viertel der Sahne unter den Pudding heben, die restliche Sahne in einen Spritzbeutel mit Loch- oder Sterntülle füllen.

05 Die Herrencreme mit der restlichen Sahne aus dem Spritzbeutel verzieren und die Raspelschokolade daraufgeben. Die Herrencreme bis zum Servieren zugedeckt in den Kühlschrank stellen.

Tipps: Dieses Dessert enthält traditionell Rum. Möchten Sie das Dessert auch für Kinder zubereiten, lassen Sie den Rum einfach weg. Bestäuben Sie die Herrencreme zusätzlich mit etwas Kakaopulver.

Pro Portion: E: 7 g, F: 29 g, Kh: 36 g, kJ: 1909, kcal: 456, BE: 3,0

Tipps zum Mitnehmen

* Nehmen Sie die Frischkäsetörtchen und die marinierten Minz-Melonen getrennt voneinander mit. Die Frischkäsetörtchen müssen vor Wärme geschützt transportiert werden.

* Das Dessert erst kurz vor dem Servieren anrichten.

Frischkäsetörtchen mit marinierter Melone

Fein & edel

Zubereitungszeit: 45 Minuten
Kühlzeit: 3 Stunden
12 Portionen

Für die Frischkäsetörtchen:
600 g körniger Frischkäse
3 EL Honig
45 g Zucker
75 ml Zitronensaft
6–7 EL Kokossirup
300 g Schlagsahne (mind. 30 % Fett)
3 Btl. aus 2 Pck. Gelatine fix

Für die marinierte Melone:
1 ½ Charentais- oder Ogenmelonen
100 ml Zitronensaft
8 EL Puderzucker
etwa 10 Stängel Pfefferminze

01 Für die Frischkäsetörtchen den Frischkäse mit Honig, Zucker, Zitronensaft und Sirup verrühren. Die Sahne steif schlagen. Dabei Gelatine fix nach Packungsanleitung einrieseln lassen. Die Sahne sofort unter die Frischkäsecreme heben.

02 Die Frischkäsemasse in 12 Dessertförmchen oder -gläser (mit kaltem Wasser ausgespült) geben. Frischkäsetörtchen zugedeckt im Kühlschrank mindestens 2 Stunden gelieren lassen.

03 Die ganze Melone halbieren. Aus den 3 Melonenhälften jeweils die Kerne mit einem Esslöffel herauslösen. Das Fruchtfleisch mit einem Kugelausstecher auslösen oder die Melonenhälften schälen und in Würfel schneiden. Zitronensaft und Puderzucker in einer Schüssel verrühren.

04 Minze abspülen, trocken tupfen und die Blättchen von den Stängeln zupfen. Minzeblättchen in feine Streifen schneiden. Melonenkugeln oder -würfel mit Minzestreifen und Zitronensaft-Marinade mischen.

05 Die Frischkäsetörtchen aus den Förmchen auf Teller stürzen. Die marinierten Melonen dazureichen.

Tipp: Statt Kokossirup können Sie auch Kokoslikör verwenden.

Pro Portion: E: 9 g, F: 10 g, Kh: 40 g, kJ: 1225, kcal: 293, BE: 3,5

Tipp zum Vorbereiten

* Das Tiramisu ist ein ideales Dessert zum Vorbereiten, da es gut durchgezogen noch mal so gut schmeckt.

Tiramisu

Mit Amaretto

Zubereitungszeit: 45 Minuten
Kühlzeit: 4 Stunden
12 Portionen

Für die Creme:
1 kg Mascarpone light (ital. Frischkäse)
200 ml Milch (3,5 % Fett)
50 g Zucker
2 Pck. Dr. Oetker Bourbon-Vanille-Zucker
4 EL Amaretto (Mandellikör)

Zum Bestreichen:
250 ml kalter Espresso oder starker Kaffee
4 EL Amaretto

400 g Löffelbiskuits

2 geh. EL Kakao zum Backen

01 Für die Creme Mascarpone in eine Rührschüssel geben. Milch, Zucker, Vanille-Zucker und Amaretto hinzugeben. Die Zutaten mit einem Mixer (Rührstäbe) auf niedrigster Stufe glatt rühren.

02 Zum Bestreichen Espresso oder Kaffee mit Amaretto verrühren.

03 Die Böden von 1 oder 2 flachen Auflaufformen mit der Hälfte der Löffelbiskuits auslegen. Löffelbiskuits mit der Hälfte der Kaffee-Amaretto-Mischung bestreichen. Darauf die Hälfte der Mascarponecreme verteilen. Die restlichen Zutaten in gleicher Reihenfolge daraufschichten.

04 Das Tiramisu mit Frischhaltefolie zugedeckt einige Stunden oder über Nacht in den Kühlschrank stellen. Das Tiramisu vor dem Servieren dick mit Kakaopulver bestäuben.

Tipps: Etwas leichter wird das Tiramisu, wenn Sie die Hälfte des Mascarpones durch 250 g Speisequark (20 % Fett) ersetzen. Noch cremiger wird das Tiramisu mit klassischem Mascarpone. Mögen Sie es gern süß, verwenden Sie 100 g Zucker für die Creme.

Pro Portion: E: 9 g, F: 39 g, Kh: 44 g, kJ: 2482, kcal: 592, BE: 3,5

Tipps zum Mitnehmen

* Bereiten Sie die Creme in einer großen Schale zu.

* Transportieren Sie die Creme mit Frischhaltefolie zugedeckt und vor Wärme geschützt.

Für die Zitronencreme:
12 Blatt weiße Gelatine
150 ml Zitronensaft (von etwa 3 Zitronen)
375 g Zucker
450 g Joghurt (3,5 % Fett)
1,2 kg Schlagsahne (mind. 30 % Fett)

Zum Garnieren:
1 Bio-Limette (unbehandelt, ungewachst)
1 Bio-Orange (unbehandelt, ungewachst)

Zitronencreme

Erfrischend

Zubereitungszeit: 30 Minuten
Kühlzeit: 3 Stunden
12 Portionen

01 Für die Creme Gelatine nach Packungsanleitung einweichen. Zitronensaft in einem Topf erwärmen. Die Gelatine leicht ausdrücken und in dem heißen Zitronensaft auflösen. Dann den Zucker einrühren.

02 Die Gelatine-Flüssigkeit etwas abkühlen lassen. Die Gelatine-Flüssigkeit zuerst mit etwa 4 Esslöffeln von dem Joghurt verrühren, dann unter den restlichen Joghurt rühren.

03 Zitronenjoghurt in den Kühlschrank stellen, dabei ab und zu umrühren.

04 Sobald die Masse anfängt zu gelieren, Sahne steif schlagen und unterheben. Die Creme in Portionsgläser füllen und zugedeckt etwa 3 Stunden in den Kühlschrank stellen.

05 Zum Garnieren Limette und Orange heiß abwaschen und abtrocknen. Von der Limette mit einem Zestenreißer dünne Streifen abreißen. Limette und Orange so schälen, dass die weiße Haut mit entfernt wird. Orange und Limette in dünne Scheiben schneiden. Die Scheiben halbieren oder vierteln. Die Creme mit dem Obst und den Limettenzesten garnieren.

Tipps: Haben Sie keinen Zestenreißer, schälen Sie die Schale der Limette dünn ab. Anschließend in feine Streifen schneiden. Zum Garnieren eignet sich auch Zitronenmelisse. Sie können den Zitronensaft durch Orangen-, Limetten- oder Grapefruitsaft ersetzen. Für eine Orangen- oder Limettencreme jedoch nur 100 g Zucker verwenden.

Pro Portion: E: 4 g, F: 24 g, Kh: 35 g, kJ: 1662, kcal: 398, BE: 3,0

Tipps zum Mitnehmen

* Richten Sie die Espresso-Creme in einer großen Glas- oder klaren Kunststoffschüssel an. Garnieren Sie die Oberfläche mit unterschiedlich großen Sahnetupfen und streuen Sie die gehackten Kaffeebohnen darauf. Dann die Schüssel zudecken.

* Das Kakaopulver stäuben Sie erst unmittelbar vor dem Servieren darauf. Nehmen Sie dafür ein feines Sieb mit.

Espresso-Creme mit Sahnehäubchen

Dolce vita aus dem Glas

Zubereitungszeit: 20 Minuten
Kühlzeit: 2 Stunden
12 Portionen

Zum Vorbereiten:
8 gestr. TL Instant-Espresso oder Kaffeepulver (kräftige Sorte; z. B. Mokka)
5 TL heißes Wasser

Zum Vorbereiten für die Creme:
3 Pck. Dr. Oetker Vanillin-Zucker
2 Pck. Sahnesteif
350 g Schlagsahne (mind. 30 % Fett)

Für die Creme:
150 g Zucker
1 Pck. Sahnesteif
650 g Schmand (Sauerrahm)
350 g Joghurt (1,5 % Fett)

Zum Garnieren:
2–3 EL geröstete Kaffeebohnen

Nach Belieben:
1–2 gestr. TL Kakao zum Backen

01 Zum Vorbereiten Instant-Espresso- oder Kaffee-Pulver mit dem Wasser verrühren, abkühlen lassen.

02 Zum Vorbereiten für die Creme Vanillin-Zucker mit Sahnesteif mischen. Die Sahne steif schlagen, die Vanillin-Zucker-Sahnesteif-Mischung dabei einrieseln lassen. Sahne beiseitestellen.

03 Für die Creme 125 g von dem Zucker mit Sahnesteif mischen. Schmand und Joghurt in eine Rührschüssel geben und mit einem Schneebesen gut verrühren. Zucker-Sahnesteif-Mischung und 5 Teelöffel von dem angerührten Espresso oder Kaffee unterrühren. Die Hälfte der Schlagsahne unter die Creme ziehen. Zwei Drittel der Creme in Portionsgläser schichten.

04 Die restliche Creme mit dem restlichen Espresso oder Kaffee und dem restlichen Zucker (25 g) abschmecken. Gleichmäßig auf der unteren Cremeschicht verteilen. Das restliche Drittel der Schlagsahne in einen Spritzbeutel mit Sterntülle geben und aufspritzen. Die Espresso-Creme zugedeckt 2 Stunden in den Kühlschrank stellen.

05 Zum Garnieren die Kaffeebohnen grob hacken. Vor dem Servieren Kaffeebohnenstückchen auf die Sahnehäubchen streuen und nach Belieben dünn mit Kakaopulver bestäuben.

Tipps: Sind Ihnen geröstete Kaffeebohnen zu intensiv im Geschmack, schmecken auch schokolierte Kaffeebohnen oder Mokkabohnen sehr gut. Oder Sie hobeln mit einem Sparschäler einige Locken von einer Tafel Mokkaschokolade auf das Dessert.

Pro Portion: E: 4 g, F: 23 g, Kh: 21 g, kJ: 1277, kcal: 305, BE: 2,0

Tipp zum Vorbereiten

* Die Limetten-Quark-Creme sollte gut gekühlt serviert werden, lässt sich aber sehr gut vorbereiten. Die Orangenkekse sollten Sie jedoch erst kurz vor dem Servieren in die Creme drücken, da sie schnell durchweichen.

Limetten-Quark-Creme

Schnell und einfach

Zubereitungszeit: 15 Minuten
12 Portionen

Für die Creme:
1 ½ kg Magerquark
375 ml Milch (3,5 % Fett)
75 ml Ahornsirup
Saft von 3–4 Limetten
1 Bio-Limette (unbehandelt, ungewachst)
1 Bio-Zitrone (unbehandelt, ungewachst)

12 Orangenkekse mit Schokolade

01 Für die Creme Quark mit Milch, Ahornsirup und Limettensaft gut verrühren und zugedeckt in den Kühlschrank stellen.

02 Limette und Zitrone heiß abwaschen und abtrocknen. Die Limette in dünne Scheiben schneiden. Von der Zitrone mit einem Zestenreißer feine Streifen abreißen.

03 Die Zitrone auspressen und den Saft sorgfältig unter die Quarkcreme rühren.

04 Die Limetten-Quark-Creme in Portionsschälchen geben, jeweils mit einer Limettenscheibe und den Zitronenstreifen garnieren. Die Creme bis zum Servieren zugedeckt in den Kühlschrank stellen.

05 Vor dem Servieren jeweils einen Orangenkeks mit Schokolade leicht in die Creme drücken.

Tipp: Sie können die Limetten sehr gut durch Blutorangen ersetzen. Dann sollten Sie 1–2 Esslöffel Zitronensaft hinzufügen. Wenn Sie keinen Ahornsirup bekommen, können Sie den Quark auch mit Apfeldicksaft zubereiten. Nehmen Sie dann eventuell etwas weniger Limettensaft.

Pro Portion: E: 18 g, F: 3 g, Kh: 19 g, kJ: 770, kcal: 184, BE: 1,5

Tipp zum Mitnehmen

* Die Schokokuss-Schichtspeise mit Frischhaltefolie zudecken und vor Wärme geschützt transportieren. Die Creme schmeckt frisch zubereitet am besten, da sich die Schaummischung nach einiger Zeit wieder etwas verflüssigt.

Schokokuss-Schichtspeise

Schnell gemacht

Zubereitungszeit: 25 Minuten
12 Portionen

Zum Vorbereiten:
100 g Kokosraspel
16 Schokoküsse
3 EL Apfelsaft

Für die Creme:
250 g Magerquark
500 g Schlagsahne (mind. 30 % Fett)
2 Pck. Sahnesteif
2–3 EL Puderzucker
1 kg rote Grütze (aus dem Kühlregal oder ½ Rezept von S. 37)

01 Zum Vorbereiten Kokosraspel in einer Pfanne ohne Fett goldbraun rösten und auf einen Teller geben. Die Waffelböden von den Schokoküssen ablösen, hacken und mit dem Apfelsaft beträufeln.

02 Für die Creme die Schaummasse der Schokoküsse in eine Schüssel geben und grob zerkleinern. Den Quark in eine Rührschüssel geben und mit einem Schneebesen glatt rühren. Sahne mit Sahnesteif und Puderzucker steif schlagen. Den Quark zunächst mit der Schaummasse verrühren, anschließend die Sahne unterheben.

03 Die Kokosraspel mit der Waffelmasse vermischen.

04 Zunächst knapp die Hälfte der Quarkcreme in eine große Glasschüssel geben und etwas glatt streichen. Darauf knapp die Hälfte der roten Grütze gleichmäßig verteilen und mit der Hälfte der Kokosraspel-Waffel-Mischung bedecken.

05 Die restliche Quarkcreme (davon 2–3 Esslöffel zum Garnieren abnehmen) daraufgeben und glatt streichen. Die restliche rote Grütze (auch hier 1–2 Esslöffel zum Garnieren abnehmen) einschichten. Die restliche Kokosraspel-Waffel-Mischung daraufgeben. Die Schokokuss-Schichtspeise bis zum Servieren zugedeckt in den Kühlschrank stellen.

06 Vor dem Servieren die Schokokuss-Schichtspeise mit der abgenommenen Creme und Grütze garnieren.

Tipp: Wenn keine Kinder mitessen, können Sie den Apfelsaft durch Kirschwasser ersetzen.

Pro Portion: E: 5 g, F: 22 g, Kh: 46 g, kJ: 1736, kcal: 412, BE: 4,0

Tipp zum Mitnehmen

* Den Bananen-Orangen-Salat ohne die Bananen zubereiten. Den Zimtjoghurt zubereiten, aber getrennt in einem gut verschlossenen Gefäß mitnehmen. Die Bananen ungeschält mitnehmen und erst kurz vor dem Servieren schälen, in Scheiben schneiden und mit den Orangen vermischen.

Zimtjoghurt mit Bananensalat

Schnell und einfach

Zubereitungszeit: 30 Minuten
12 Portionen

Für den Bananensalat:
6 Bananen (etwa 900 g)
3 Orangen (etwa 450 g)
75 ml Orangensaft
3 TL flüssiger Honig

Für den Zimtjoghurt:
1,8 kg Joghurt (1,5 % Fett)
75 g Zucker
4 Pck. Dr. Oetker Vanillin-Zucker
2–3 gestr. TL gem. Zimt

Zum Garnieren:
25 g gehackte Pistazienkerne

01 Für den Bananensalat die Bananen schälen, in Scheiben schneiden und in eine Schüssel geben. Die Orangen so schälen, dass die weiße Haut mitentfernt wird. Orangen zunächst in Scheiben, dann in Viertel schneiden. Orangenviertel ebenfalls in die Schüssel geben und mit den Bananenscheiben vermischen.

02 Den Orangensaft mit dem Honig verrühren und über die Bananen-Orangen-Mischung gießen. Die Zutaten vorsichtig vermengen.

03 Für den Zimtjoghurt den Joghurt mit Zucker, Vanillin-Zucker und Zimt mit einem Schneebesen glatt rühren. Den Joghurt in 12 Dessertschälchen verteilen.

04 Den Bananensalat auf dem Joghurt verteilen und mit Pistazienkernen bestreuen.

Tipps: Das Dessert schmeckt ganz frisch am besten, da die Bananen schnell braun werden.

Pro Portion: E: 7 g, F: 4 g, Kh: 31 g, kJ: 797, kcal: 190, BE: 2,5

Tipp zum Mitnehmen

* Bereiten Sie die Giraffencreme in einer großen Glasschale zu. Die Creme mit Frischhaltefolie zugedeckt und vor Wärme geschützt transportieren.

Giraffencreme

Für Kinder

Zubereitungszeit: 40 Minuten
12 Portionen

Zum Vorbereiten:
500 g abgetropfte Pfirsichhälften (aus der Dose)
4 EL Pfirsichsaft (aus der Dose)

Für die Creme:
600 g Mascarpone (ital. Frischkäse)
80 g Zucker
200 g Schlagsahne (mind. 30 % Fett)
1 Pck. Sahnesteif
150 g Schoko-Cookies

Zum Garnieren:
einige Minzeblättchen

01 Zum Vorbereiten von den Pfirsichen den Saft auffangen und 4 Esslöffel davon abmessen und für die Creme beiseitestellen. 2 Pfirsichhälften zum Garnieren beiseitelegen. Die restlichen Pfirsichhälften mit einem Pürierstab pürieren.

02 Für die Creme Mascarpone mit Zucker und dem abgemessenen Pfirsichsaft in eine Rührschüssel geben. Zutaten mit einem Schneebesen glatt rühren. Das Pfirsichpüree unterrühren. Sahne mit Sahnesteif steif schlagen und unterheben. Von der Creme 3–4 Esslöffel abnehmen und zugedeckt in den Kühlschrank zum Garnieren beiseitestellen. Die restliche Creme in 3 gleich große Portionen teilen.

03 Schoko-Cookies in einen Gefrierbeutel geben. Den Beutel fest verschließen und die Cookies mit einer Teigrolle grob zerbröseln. Die Cookie-Brösel ebenfalls in 3 gleich große Portionen teilen.

04 Eine Portion Creme in 12 kleinen Gläsern verteilen. 1 Portion Cookie-Brösel gleichmäßig darauf verteilen. So fortfahren, bis alle Zutaten aufgebraucht sind. Die Giraffencreme zugedeckt in den Kühlschrank stellen.

05 Zum Garnieren die beiseitegelegten Pfirsichhälften in Spalten schneiden. Beiseitegestellte Creme portionsweise als Kleckse auf die Bröselschicht geben. Die Pfirsichspalten und Minzeblättchen darauflegen. Die Giraffencreme gut gekühlt servieren.

Tipp: Geben Sie auf die Bröselschichten jeweils etwas Zartbitter-Raspelschokolade.

Pro Portion: E: 4 g, F: 29 g, Kh: 23 g, kJ: 1500, kcal: 364, BE: 2,0

Tipp zum Mitnehmen

* Der Reis kann sehr gut fertig portioniert mitgenommen werden. Becher oder Gläser dann mit Frischhaltefolie zudecken und in einen stabilen Karton stellen. Die Lücken mit etwas Küchenpapier ausfüllen, damit die Becher oder Gläser Halt haben und stehen bleiben. Die Creme vor Wärme geschützt transportieren.

Kokos-Reiscreme mit Johannisbeer-Ingwer-Sauce

Exotischer Genuss

Zubereitungszeit: 1 Stunde
Kühlzeit: 2 Stunden
12 Portionen

Für die Johannisbeer-Ingwer-Sauce:
15 g Ingwer
1 Bio-Limette (unbehandelt, ungewachst)
60 g Zucker
450 g geputzte Johannisbeeren (z. B. rote und schwarze Johannisbeeren, frisch oder TK)
150 ml Wasser
10 g Speisestärke
1 EL Wasser

Für die Kokos-Reiscreme:
3–4 Stangen Zitronengras
3–4 Limettenblätter (getrocknet)
2 ½ gestr. TL Salz
2 ½ l Wasser
400 g Duftreis

400 ml Kokosmilch (aus der Dose)
50 g Kokosraspel
140 g Zucker

01 Für die Sauce den Ingwer schälen und sehr fein würfeln. Limette heiß abspülen, abtrocknen und 1 Teelöffel Schale fein abreiben. Limette halbieren und den Saft auspressen. Den Zucker in einem Edelstahltopf bei starker Hitze vorsichtig goldgelb karamellisieren lassen. Den Topf von der Kochstelle nehmen. Ingwer, Limettensaft und -schale sowie Johannisbeeren zum Karamellsirup geben. Wasser hinzugeben und alles unter Rühren zum Kochen bringen. Etwa 5 Minuten bei schwacher Hitze leicht kochen lassen. Die Stärke mit 1 Esslöffel Wasser anrühren und unter die von der Kochstelle genommene Mischung rühren. Nochmals kurz aufkochen lassen. Sauce erkalten lassen, dann zugedeckt in den Kühlschrank stellen.

02 Für die Reiscreme inzwischen die äußeren Blätter vom Zitronengras ablösen. Zitronengras abspülen, abtropfen lassen. Dann in etwa 5 cm lange Stücke schneiden und mit einem Fleischklopfer plattieren.

03 Zitronengrasstücke, Limettenblätter, Salz und Wasser in einen großen Topf geben und zugedeckt zum Kochen bringen.

04 In der Zwischenzeit den Reis in ein Sieb geben und unter fließendem, lauwarmem Wasser gründlich abspülen. Sobald das Wasser kocht, den Reis hinzugeben und unterrühren. Den Reis im offenen Topf bei schwacher bis mittlerer Hitze leicht sprudelnd etwa 10–12 Minuten quellen lassen. Reis in ein Sieb geben und gründlich abtropfen lassen. Reis erkalten lassen.

05 Kokosmilch, -raspel und Zucker in einem Topf mischen und unter Rühren zum Kochen bringen. Bei mittlerer Hitze unter gelegentlichem Rühren etwa ein Drittel der Flüssigkeit verkochen lassen. Die Kokosmilch-Mischung vorsichtig unter den Reis rühren. Kokosreis nach Belieben kalt oder warm anrichten. Die Johannisbeer-Ingwer-Sauce gut gekühlt dazu servieren.

Pro Portion: E: 3 g, F: 9 g, Kh: 47 g, kJ: 1192, kcal: 286, BE: 4,0

Tipps zum Mitnehmen

* Nehmen Sie die Mascarpone-Limetten-Creme und die Pfirsich mischung getrennt voneinander mit und geben Sie die Pfirsichmischung erst kurz vor dem Servieren auf die Creme. Die Mascarpone-Limetten-Creme sollte gut gekühlt transportiert werden.

Mascarpone-Limetten-Creme

So schön erfrischend

Zubereitungszeit: 45 Minuten
Kühlzeit: 2 Stunden
12 Portionen

Zum Vorbereiten:
1 Bio-Limette (unbehandelt, ungewachst)
3 Limetten
2 EL Puderzucker
12 abgetropfte Pfirsichhälften (aus Dosen)
½ Bund Basilikum

Für die Creme:
500 g Mascarpone (ital. Frischkäse)
350 g Magerquark
3 EL Puderzucker
2 Pck. Sahnesteif
350 g Schlagsahne (mind. 30 % Fett)

01 Zum Vorbereiten alle Limetten heiß abwaschen und abtrocknen. Die Schale der Bio-Limette fein abreiben und beiseitestellen. Bio-Limettenhälften und 1 weitere Limette auspressen, den Saft ebenfalls beiseitestellen. Die restlichen Limetten so schälen, dass die weiße Schale mitentfernt wird. Das Fruchtfleisch zwischen den Trennhäuten mit einem scharfen Messer herausschneiden. Limettenfilets sehr fein würfeln, mit Puderzucker mischen, kurz ziehen lassen.

02 Pfirsiche fein würfeln und in eine Schüssel geben. Basilikum abspülen, trocken tupfen und die Blättchen von den Stängeln zupfen. Basilikumblättchen in feine Streifen schneiden, mit der beiseitegestellten Limettenschale und den Pfirsichwürfeln mischen.

03 Für die Creme Mascarpone in eine Rührschüssel geben. 4 Esslöffel von dem beiseitegestellten Limettensaft sowie den Quark hinzugeben und mit einem Schneebesen glatt rühren. Limettenstückchen mit einem Löffel unterrühren.

04 Puderzucker mit Sahnesteif mischen. Die Sahne steif schlagen, dabei die Sahnesteif-Mischung einrieseln lassen. Die Sahne unter die Mascarpone-Limetten-Creme heben.

05 Mascarpone-Limetten-Creme in Dessertgläser oder eine große Schüssel geben. Die Pfirsichmischung daraufgeben. Das Dessert bis zum Servieren zugedeckt in den Kühlschrank stellen.

Tipp: Statt Basilikum können Sie auch Zitronenmelisse oder Minze verwenden.

Pro Portion: E: 7 g, F: 26 g, Kh: 17 g, kJ: 1391, kcal: 332, BE: 1,5

Rotweincreme mit schwarzen Johannisbeeren

Schnell – mit Alkohol

Zubereitungszeit: 45 Minuten
Kühlzeit: 1 Stunde
12 Portionen

Tipp zum Mitnehmen

* Die Creme in einer großen Schale anrichten und mit Frischhaltefolie zudecken. Vor Wärme geschützt transportieren.

Zum Vorbereiten:
600 g schwarze Johannisbeeren
6 EL Puderzucker

Für die Creme:
3 Pck. Rotweincreme
225 ml Wasser
600 g Schlagsahne (mind. 30 % Fett)
300 g Doppelrahm-Frischkäse
3 EL Zucker
1 Pck. Dr. Oetker Bourbon-Vanille-Zucker

01 Zum Vorbereiten Johannisbeeren abspülen, abtropfen lassen, verlesen und die Beeren von den Rispen streifen. Die Johannisbeeren mit Puderzucker mischen und zugedeckt etwa 20 Minuten Saft ziehen lassen.

02 Für die Creme in der Zwischenzeit Rotwein (aus der Packung) und Wasser (beides Zimmertemperatur) in eine fettfreie Rührschüssel füllen. Das Dessertpulver dazugeben. Die Zutaten mit einem Mixer (Rührstäbe) kurz auf niedrigster Stufe verrühren. Anschließend etwa 2 Minuten auf höchster Stufe aufschlagen, bis die Masse dick-schaumig ist.

03 Die Sahne steif schlagen. Frischkäse in eine Schüssel geben, mit Zucker, Vanille-Zucker und 6 Esslöffeln der Sahne verrühren, die restliche Sahne unterheben. Zwei Drittel Frischkäse-Sahne unter die Rotweincreme heben.

04 Die Rotweincreme und die vorbereiteten Beeren schichtweise in Dessertgläser füllen. Die Rotweincreme mit der restlichen Frischkäse-Sahne garnieren. Die Rotweincreme zugedeckt etwa 1 Stunde in den Kühlschrank stellen.

Tipp: Lecker ist das Dessert auch mit blauen Weintrauben. Geben Sie vor dem Servieren einen Esslöffel Cassis-Likör auf die Creme.

Pro Portion: E: 6 g, F: 24 g, Kh: 37 g, kJ: 1769, kcal: 421, BE: 3,0

Tipp zum Mitnehmen

* Das Tiramisu mit Frischhaltefolie zugedeckt und vor Wärme geschützt transportieren.

Fruchtiges Tiramisu

Dolce vita mit Likör

Zubereitungszeit: 50 Minuten
Kühlzeit: 6 Stunden
12 Portionen

Zum Vorbereiten:
500 g Cantuccini (ital. Mandelgebäck)
125 ml starker kalter Kaffee (Espresso oder Mokka)
875 g abgetropfte Mandarinenspalten (aus der Dose)
125 ml Orangenlikör
40 g Puderzucker

Für die Creme:
500 g Joghurt (3,5 % Fett)
2 Btl. aus 1 Pck. Gelatine fix
500 g Vanille-Joghurt
500 g Schlagsahne (mind. 30 % Fett)

Zum Bestäuben:
etwas Kakao zum Backen

01 Zum Vorbereiten die Böden von 1 oder 2 großen flachen Auflaufformen mit den Cantuccini belegen. Die Cantuccini mit dem Kaffee tränken.

02 Die Mandarinenspalten gleichmäßig auf den Cantuccini verteilen. Mandarinen mit Orangenlikör beträufeln und mit Puderzucker bestäuben. Anschließend das Dessert zugedeckt im Kühlschrank 1–2 Stunden durchziehen lassen.

03 Für die Creme Joghurt in eine Schüssel geben und glatt rühren. Gelatine fix unter ständigem Rühren mit einem Schneebesen hinzugeben und alles etwa 1 Minute gründlich verrühren. Den Vanille-Joghurt unterrühren.

04 Die Sahne steif schlagen und unterheben. Die Joghurt-Sahne auf den Mandarinen verteilen. Das Tiramisu zugedeckt in den Kühlschrank stellen und 3–4 Stunden durchziehen lassen.

05 Das Tiramisu vor dem Servieren mit einer dicken Schicht Kakaopulver bestäuben.

Tipp: Möchten Sie das fruchtige Tiramisu ohne den Likör zubereiten, tränken Sie die Cantuccini mit der gleichen Menge von dem Mandarinensaft aus der Dose.

Pro Portion: E: 9 g, F: 22 g, Kh: 60 g, kJ: 2124, kcal: 506, BE: 5,0

Tipp zum Mitnehmen

* Das Erdbeer-Kokos-Trifle in einer großen Glasschale zubereiten und vor Wärme geschützt transportieren.

Erdbeer-Kokos-Trifle

Leichter Genuss

Zubereitungszeit: 30 Minuten
Kühlzeit: 1 Stunde
12 Portionen

Für die Erdbeer-Schicht:
1 kg Erdbeeren
4 Stängel Minze
2 EL Puderzucker
Saft von 2 Limetten

Für die Knusper-Schicht:
250 g Kokos-Zwieback

Für die Quark-Schicht:
1 kg Vanilla-Quark-Zubereitung (0,2 % Fett)
1 TL Dr. Oetker Finesse Orangenschalen-Aroma

01 Für die Erdbeer-Schicht Erdbeeren abspülen, gut abtropfen lassen und entstielen. Erdbeeren eventuell halbieren. 24 Erdbeerhälften zum Garnieren beiseitelegen.

02 Minze abspülen und trocken tupfen. Die Blättchen von den Stängeln zupfen (einige Blättchen zum Garnieren beiseitelegen). Blättchen in feine Streifen schneiden. Erdbeeren mit Minzestreifen, Puderzucker und Limettensaft mischen und beiseitestellen.

03 Für die Knusper-Schicht Kokos-Zwieback in einen Gefrierbeutel geben. Den Beutel fest verschließen. Zwieback mit einer Teigrolle grob zerbröseln.

04 Für die Quark-Schicht den Vanilla-Quark mit Orangenschalen-Aroma verrühren.

05 Erdbeermischung, Zwiebackbrösel und Quark in Schichten in 12 Dessertgläsern anrichten. Trifles zugedeckt etwa 1 Stunde in den Kühlschrank stellen.

06 Die Trifles mit den beiseitegelegten Erdbeeren und Minzeblättchen garnieren und servieren.

Tipp: Gut schmecken statt der Erdbeeren auch 490 g gut abgetropfte Ananasstücke (aus der Dose).

Pro Portion: E: 7, F: 3 g, Kh: 34 g, kJ: 828; kcal: 196, BE: 3,0

Tipp zum Mitnehmen

* Die Diplomatencreme mit Frischhaltefolie zugedeckt und vor Wärme geschützt transportieren.

Diplomatencreme

Klassisch mit Rum und Rosinen

Zubereitungszeit: 1 Stunde
Kühlzeit: 2 Stunden
12 Portionen

Zum Vorbereiten:
1 l Milch (3,5 % Fett)
2 Pck. Dr. Oetker Pudding-Pulver Vanille-Geschmack
100 g Zucker

Für die Frucht-Schicht:
80 g gewürfeltes Zitronat (Sukkade)
250 g Rosinen
2 TL Zucker
8 EL Wasser
500 g Schlagsahne (mind. 30 % Fett)
2 Pck. Dr. Oetker Vanillin-Zucker
200–250 g Löffelbiskuits
4–6 EL brauner Rum
75 g Zartbitter-Raspelschokolade

Zum Bestreuen:
25 g Zartbitter-Raspelschokolade

01 Zum Vorbereiten aus Milch, Pudding-Pulver und Zucker einen Pudding nach Packungsanleitung zubereiten. Den Pudding in eine hitzebeständige Schüssel geben. Frischhaltefolie direkt auf die Puddingoberfläche legen, damit sich keine Haut bildet. Pudding erkalten lassen.

02 Für die Frucht-Schicht Zitronat mit Rosinen, Zucker und Wasser in einem weiten Topf bei schwacher Hitze so lange kochen lassen, bis das Wasser verdampft ist. Von der Zitronat-Rosinen-Mischung etwas zum Garnieren abnehmen. Restliche Mischung in 3 gleich große Portionen teilen.

03 Sahne mit Vanillin-Zucker steif schlagen. Den Pudding mit einem Schneebesen durchrühren und die Sahne portionsweise unter den erkalteten, noch weichen Pudding heben. Die Puddingcreme in 3 gleich große Portionen teilen.

04 Löffelbiskuits auf der ungezuckerten Seite mit Rum beträufeln, in 3 gleich große Portionen teilen. Jeweils eine Portion Löffelbiskuits im Wechsel mit jeweils einer Portion Puddingcreme und einer Portion Zitronat-Rosinen-Mischung sowie einem Drittel der Raspelschokolade in Glasschalen schichten, bis alle Zutaten aufgebraucht sind. Die Diplomatencreme mit der abgenommenen Zitronat-Rosinen-Mischung garnieren. Vor dem Servieren mit Zartbitter-Raspelschokolade bestreuen.

Tipps: Möchten Sie die Diplomatencreme ohne Alkohol zubereiten, ersetzen Sie den Rum durch die gleiche Menge Apfelsaft.

Pro Portion: E: 7 g, F: 20 g, Kh: 58 g, kJ: 1906, kcal: 455, BE: 5,0

82

Tipps zum Vorbereiten

* Die Creme in einer großen Schale anrichten und mit Frischhaltefolie zugedeckt unbedingt in einer Kühlbox transportieren.

Welfenspeise

Traditionell mit Wein

Zubereitungszeit: 30 Minuten
Kühlzeit: 2 Stunden
12 Portionen

Für die Creme:
6 Eiweiß (Größe M)
120 g Speisestärke
120 g Zucker
3 Pck. Dr. Oetker Vanillin-Zucker
1 ½ l Milch (3,5 % Fett)

Für den Weinschaum:
9 Eigelb (Größe M)
240 g Zucker
30 g Speisestärke
750 ml Weißwein

01 Für die Creme Eiweiß mit einem Mixer (Rührstäbe) auf höchster Stufe steif schlagen. Der Schnee muss so fest sein, dass ein Messerschnitt sichtbar bleibt. Speisestärke mit Zucker und Vanillin-Zucker mischen. Das Stärke-Zucker-Gemisch mit 150 ml von der Milch anrühren.

02 Die restliche Milch in einem Topf zum Kochen bringen. Den Topf von der Kochstelle nehmen. Die angerührte Speisestärke mit einem Schneebesen unter Rühren hineingeben und kurz aufkochen lassen.

03 Den Eischnee unter die kochend heiße Speise rühren, nochmals kurz aufkochen. Die Speise in eine Glasschale oder Dessertgläser füllen (Schale oder Gläser nur zur Hälfte füllen!), abkühlen lassen und zugedeckt in den Kühlschrank stellen.

04 Für den Weinschaum Eigelb mit Zucker, Speisestärke und Weißwein in einen Edelstahltopf oder eine Edelstahlschüssel geben. Die Zutaten mit dem Mixer (Rührstäbe) auf niedrigster Stufe im heißen Wasserbad so lange schlagen, bis die Masse durch und durch schaumig ist (das Volumen muss sich etwa verdoppeln, dabei Wasser und Weinschaum nicht kochen lassen, da die Masse sonst gerinnt).

05 Den Topf oder die Schüssel aus dem Wasserbad nehmen, die Masse vom Rand lösen und nochmals kurz verrühren. Weinschaum erkalten lassen und auf die Creme geben.

Tipps: Bereiten Sie statt des Weinschaums einen Apfel-Zitronen-Schaum zu. Dafür den Weißwein durch 750 ml Apfelsaft und 3 Esslöffel Zitronensaft ersetzen. Das restliche Eiweiß kann gut einen Tag zugedeckt im Kühlschrank aufbewahrt und für Rührei mit verwendet werden. Es lässt sich gut einfrieren.

Hinweis: Nur ganz frische Eier verwenden, die nicht älter als 5 Tage sind (Legedatum beachten!). Die Welfenspeise im Kühlschrank aufbewahren und innerhalb von 24 Stunden verzehren.

Pro Portion: E: 9 g, F: 9 g, Kh: 49 g, kJ: 1498, kcal: 358, BE: 4,0

Tipps zum Vorbereiten

* Die Dessertgläser oder -becher zugedeckt in einen stabilen Karton stellen. Die Lücken mit etwas Küchenpapier locker ausstopfen, damit die Gläser oder Becher auch während der Fahrt stehen bleiben. Den Sirup separat in ein Schraubglas abfüllen.

Maracuja-Creme

Sahnig-exotisch

Zubereitungszeit: 30 Minuten
Kühlzeit: 3 Stunden
12 Portionen

Für die Creme:

3 Pck. Dr. Oetker Pudding-Pulver Vanille-Geschmack
1 l Maracuja-Nektar
400 g Crème fraîche
250 g Schlagsahne (mind. 30 % Fett)
5 EL Zucker

Für den Fruchtsirup:

50 g Zucker
250 ml Maracuja-Nektar
4–5 Maracujas

01 Für die Creme Pudding-Pulver mit 200 ml von dem Maracuja-Nektar anrühren. Den restlichen Nektar in einen großen Topf gießen und zum Kochen bringen. Topf von der Kochstelle nehmen, Das angerührte Pudding-Pulver in den von der Kochstelle genommenen Saft rühren, anschließend unter Rühren nochmals kurz aufkochen lassen.

02 Pudding in eine große hitzebeständige Rührschüssel geben. Crème fraîche sofort mit einem Schneebesen unterrühren. Die Puddingoberfläche sofort mit Frischhaltefolie bedecken, damit sich keine Haut bildet. Den Pudding lauwarm abkühlen lassen.

03 Die Sahne steif schlagen, dabei den Zucker einrieseln lassen. Den Maracuja-Pudding mit einem Schneebesen durchrühren. Die geschlagene Sahne locker so unterziehen, dass sich ein Marmormuster bildet.

04 Anschließend die Maracuja-Creme in 12 Portionsgläser oder eine große Schale füllen und zugedeckt mindestens 2 Stunden in den Kühlschrank stellen.

05 Für den Sirup Zucker mit Nektar in einen Topf geben und zum Kochen bringen. Die Zutaten bei mittlerer Hitze im offenen Topf um etwa die Hälfte einkochen. Der Fruchtsirup soll etwas zähflüssig sein. Die Maracujas halbieren, das Fruchtfleisch und die Kerne mit einem Löffel aus den Hälften lösen. Fruchtfleisch und Kerne unter den Fruchtsirup rühren, dann erkalten lassen.

06 Den Fruchtsirup vor dem Servieren auf der Maracuja-Creme verteilen oder separat dazureichen.

Pro Portion: E: 2 g, F: 17 g, Kh: 35 g, kJ: 1285, kcal: 308, BE: 3,0

Tipp zum Vorbereiten

* Sie können die Mousse au chocolat gut vorbereiten. Achten Sie aber darauf, dass sie immer sehr gut gekühlt ist. Die Mousse au chocolat keinesfalls längere Zeit in warmer Umgebung stehen lassen.

Mousse au chocolat

Süße Sünde

Zubereitungszeit: etwa 30 Minuten
Kühlzeit: 3 Stunden
12 Portionen

Zum Vorbereiten:
300 g Zartbitter-Kuvertüre
150 g Vollmilch-Kuvertüre

Für die Mousse:
9 Eiweiß (Größe M)
375 g Schlagsahne (mind. 30 % Fett)
9 Eigelb (Größe M)
3 EL Zucker

Zum Garnieren:
75 g Zartbitter-Schokolade (etwa 50 % Kakaoanteil)

01 Zum Vorbereiten beide Kuvertüresorten in kleine Stücke hacken. Zwei Drittel davon in einem Topf im Wasserbad bei schwacher Hitze unter Rühren schmelzen. Den Topf aus dem Wasserbad nehmen und die restliche Kuvertüre darin unter Rühren schmelzen, dann etwas abkühlen lassen.

02 Für die Mousse Eiweiß in eine Rührschüssel geben und mit einem Mixer (Rührstäbe) so steif schlagen, dass ein Messerschnitt sichtbar bleibt. Eischnee in den Kühlschrank stellen. Die Sahne ebenfalls steif schlagen und in den Kühlschrank stellen.

03 Eigelb mit Zucker in eine Rührschüssel geben, mit einem Mixer (Rührstäbe) zu einer dicklichen Masse aufschlagen. Die leicht lauwarme Kuvertüre mit einem Schneebesen nach und nach vorsichtig unterrühren. Eischnee und Schlagsahne vorsichtig unter die Creme ziehen.

04 Die Creme in 2 oder 3 große, flache Schüsseln geben, mit Frischhaltefolie zugedeckt 2–3 Stunden in den Kühlschrank stellen.

05 Vor dem Servieren von der Mousse mit 2 Esslöffeln Nocken formen und auf Tellern verteilen. Die Esslöffel zwischendurch in kaltes Wasser tauchen.

06 Zum Garnieren von der Schokolade mit einem Sparschäler Locken abschälen und auf der Mousse verteilen.

Hinweis: Nur ganz frische Eier verwenden, die nicht älter als 5 Tage sind (Legedatum beachten!). Die fertige Mousse im Kühlschrank aufbewahren und innerhalb von 24 Stunden verzehren.

Tipps: Sie können unter die Mousse 2–3 Esslöffel Rum oder Cognac rühren. Die Mousse au chocolat mit Puderzucker oder Kakaopulver bestäuben und nach Belieben mit einer **weißen Schokoladensauce** servieren. Dafür 100 g weiße Schokolade in Stücke brechen, mit 125 g Schlagsahne in einem kleinen Topf bei schwacher Hitze unter Rühren zu einer geschmeidigen Masse verrühren und abkühlen lassen. Die Sauce zu der Mousse servieren.

Pro Portion: E: 9 g, F: 30 g, Kh: 26 g, kJ: 1705, kcal: 408, BE: 2,0

Tipp zum Mitnehmen

* Dieses Dessert soll direkt nach dem Einschichten gegessen werden, da die Knusperflocken sonst weich werden. Möchten Sie es mitnehmen, bereiten Sie Apfeltraum und Knusperflocken vor und nehmen beides getrennt voneinander mit. Unmittelbar vor dem Servieren können Sie das Schichtdessert dann zubereiten.

Apfeltraum mit Knusperflocken

Das schmeckt Kindern

Zubereitungszeit: 20 Minuten (ohne Abkühlzeit)
12 Portionen

Für die Knusperflocken:
50 g Butter
25 g kernige Haferflocken

Für den Apfeltraum:
500 g Schlagsahne (mind. 30 % Fett)
250 g Magerquark
1,2 kg säuerliche Äpfel
2 EL Zitronensaft
300 g gehackte Mandeln
6 TL Honig
½ gestr. TL gem. Zimt

Zum Garnieren:
2–3 EL flüssiger Honig

01 Für die Knusperflocken die Butter in einer Pfanne zerlassen. Haferflocken dazugeben und bei schwacher Hitze unter Rühren darin goldbraun rösten. Die Haferflockenmasse auf einen Teller geben und erkalten lassen.

02 Für den Apfeltraum die Sahne steif schlagen. Quark in einer Rührschüssel glatt rühren. Die Sahne unterheben und die Quarkcreme in den Kühlschrank stellen.

03 Die Äpfel gründlich abwaschen, abtrocknen, vierteln und die Kerngehäuse entfernen. Die Apfelviertel auf der groben Seite der Gemüsereibe raspeln. Apfelraspel mit Zitronensaft beträufeln, dann unter die Quarkcreme heben. Die Mandeln ebenfalls unterheben. Den Apfeltraum mit Honig und Zimt abschmecken.

04 Vor dem Servieren den Apfeltraum mit den Knusperflocken in Gläser schichten. Jeweils etwas flüssigen Honig darauftraufeln. Den Apfeltraum mit Knusperflocken sofort servieren.

Tipp: Ersetzen Sie den Magerquark durch die gleiche Menge körnigen Frischkäse.

Pro Portion: E: 10 g, F: 30 g, Kh: 25 g, kJ: 1733, kcal: 414, BE: 2,0

Tipps zum Mitnehmen

* Nehmen Sie die Spaghetti-Creme und die Sauce sowie die Schokolade mit und richten Sie die Portionen erst kurz vor dem Servieren an. Kindern macht es Spaß, wenn sie sich ihre Portion selbst in das Schälchen drücken und garnieren dürfen. Fragen Sie in Ihrer Eisdiele nach einigen leeren Eisbechern. So können Sie die Creme besonders stilecht anrichten.

* Haben Sie keine Spaghettieis- oder Kartoffelpresse, können Sie die Creme in einen Gefrierbeutel füllen. Schneiden Sie dann eine kleine Spitze ab und drücken Sie die Creme in das Dessertschälchen.

Spaghetti-Creme

Schmeckt nach Sommer

Zubereitungszeit: 30 Minuten
12 Portionen

Für die Erdbeersauce:
500 g Erdbeeren (TK oder frisch)
50 g Zucker

Für die Spaghetti-Creme:
600 g Schlagsahne (mind. 30 % Fett)
150 g Puderzucker
1 Pck. Dr. Oetker Vanillin-Zucker
500 g Mascarpone (ital. Frischkäse)
500 g Magerquark
2 EL Zitronensaft
Mark von 1 Vanilleschote

Zum Garnieren:
50 g weiße Schokolade

01 Für die Sauce TK-Erdbeeren antauen lassen. Frische Erdbeeren abspülen, gut abtropfen lassen und entstielen. Erdbeeren mit dem Zucker in einen hohen Rührbecher geben und pürieren. Erdbeersauce in den Kühlschrank stellen.

02 Für die Spaghetti-Creme Sahne steif schlagen. Puderzucker und Vanillin-Zucker unterrühren, in den Kühlschrank stellen. Mascarpone in eine große Rührschüssel geben und mit einem Mixer (Rührstäbe) steif schlagen. Quark, Zitronensaft und Vanillemark gründlich unterrühren.

03 Die steif geschlagene Sahne in 2–3 Portionen unter die Mascarpone-Quark-Creme heben.

04 Die Creme portionsweise in eine Spaghettieis- oder Kartoffelpresse geben und in Dessertschälchen drücken. Das Dessert bis zum Servieren zugedeckt in den Kühlschrank stellen.

05 Vor dem Servieren Spaghetti-Creme mit etwas Erdbeersauce übergießen.

06 Von der Schokolade mit einem Sparschäler dünne Locken abhobeln und die Spaghetti-Creme damit garnieren.

Tipps: Lecker ist die Sauce auch mit einer Mischung aus Erdbeeren und Rhabarber. Dafür sollte der Rhabarber vorgegart und erkaltet sein. Ist es im Sommer sehr heiß, stellen Sie die fertig portionierten Schälchen für etwa eine halbe Stunde ins Gefrierfach. Anschließend mit Erdbeersauce und Schokoladenlocken garnieren und servieren.

Pro Portion: E: 9 g, F: 34 g, Kh: 26 g, kJ: 1883, kcal: 450, BE: 2,0

Joghurt-Sahne-Creme

Gut vorzubereiten

Zubereitungszeit: 30 Minuten
Kühlzeit: 1 Stunde
12 Portionen

Zum Vorbereiten:
3 Pck. gem. weiße Gelatine
150 ml kaltes Wasser

Für die Creme:
450 g Joghurt (3,5 % Fett)
375 ml Milch (3,5 % Fett)
75 g Zucker
3 Pck. Dr. Oetker Vanillin-Zucker
6 EL Zitronensaft
375 g Schlagsahne (mind. 30 % Fett)

Zum Garnieren:
1 Nektarine

01 Zum Vorbereiten Gelatine nach Packungsanleitung in einem kleinen Topf mit dem Wasser anrühren und quellen lassen.

02 Für die Creme Joghurt mit Milch, Zucker und Vanillin-Zucker verrühren. Gequollene Gelatine im Topf unter Rühren bei schwacher Hitze auflösen. Die aufgelöste Gelatine zuerst mit etwa 4 Esslöffeln von der Joghurt-Mischung verrühren, dann unter die restliche Joghurt-Mischung rühren. Zuletzt mit Zitronensaft abschmecken. Die Joghurt-Mischung in den Kühlschrank stellen.

03 Sobald die Masse zu gelieren beginnt, die Sahne steif schlagen und unterheben. Joghurt-Sahne-Creme in Portionsgläser füllen und zugedeckt etwa 1 Stunde in den Kühlschrank stellen.

04 Zum Garnieren die Nektarine abspülen, abtrocknen und halbieren. Die Nektarinenhälften in feine Spalten schneiden und zugedeckt in den Kühlschrank stellen.

05 Zum Servieren die Nektarinenspalten fächerartig in die Creme stecken und gut gekühlt servieren.

Tipps: Die Creme kann bereits am Vortag zubereitet werden. Garnieren Sie die Joghurt-Sahne-Creme dann erst unmittelbar vor dem Servieren.

Tipps zum Mitnehmen

* Bereiten Sie die Joghurt-Sahne-Creme in einer großen Schüssel zu. Die Kühlzeit verlängert sich dann entsprechend. Die Schale mit Frischhaltefolie zudecken. Die Creme vor Wärme geschützt transportieren.

Pro Portion: E: 5 g, F: 12 g, Kh: 14, kJ: 795, kcal: 190, BE: 1,0

Tipp zum Mitnehmen

* Nehmen Sie das Dessert in den Förmchen und die anderen Zutaten mit und richten es erst am Ankunftsort an.

Grieß-Flammeri mit Beeren

Mit Likör – wenn Sie es möchten

Zubereitungszeit: 45 Minuten
Kühlzeit: 4 Stunden
12 Portionen

Für die Grieß-Flammeris:
4 Blatt weiße Gelatine
500 ml Milch (3,5 % Fett)
150 g Zucker
Mark von 1–2 Vanilleschoten
90 g Weizengrieß
2 Eigelb (Größe M)
80 ml Orangenlikör
abgeriebene Schale von 1 Bio-Orange (unbehandelt, ungewachst)
500 g Schlagsahne (mind. 30 % Fett)

Zum Garnieren:
500 g frische gemischte Beeren (z. B. Himbeeren, Johannisbeeren, Erdbeeren)
einige Zitronenmelisse- oder sehr kleine Erdbeerblättchen
200 g Schlagsahne (mind. 30 % Fett)

01 Für die Flammeris die Gelatine nach Packungsanleitung einweichen. Milch mit Zucker und Vanillemark aufkochen lassen. Grieß unter Rühren hinzugeben und bei schwacher Hitze unter gelegentlichem Rühren etwa 10 Minuten quellen lassen. Gelatine leicht ausdrücken und unter Rühren darin auflösen.

02 Eigelb mit Orangenlikör und Orangenschale verrühren und unter die lauwarme Grießmasse rühren. Die Grießmasse in den Kühlschrank stellen.

03 Sobald die Masse zu gelieren beginnt, die Sahne steif schlagen und unterheben. Die Masse portionsweise in Pudding-Förmchen (Ø 8 cm, Höhe 4 cm) füllen und zugedeckt mindestens 3–4 Stunden in den Kühlschrank stellen.

04 Zum Garnieren die Beeren vorsichtig abspülen, trocken tupfen und entstielen. Einige Johannisbeerenrispen beiseitelegen. Zitronenmelisse- oder Erdbeerblättchen abspülen, trocken tupfen. Sahne steif schlagen und in einen Spritzbeutel mit Sterntülle füllen.

05 Jedes Förmchen kurz in heißes Wasser tauchen. Flammeri jeweils auf einen Teller stürzen.

06 Die Flammeris mit Beeren, Johannisbeerrispen, Sahnetuffs und Zitronenmelisse- oder Erdbeerblättchen garnieren.

Tipp: Möchten Sie auf den Orangenlikör verzichten, erhöhen Sie die Milchmenge um 50 ml und verwenden Sie die abgeriebene Schale einer weiteren Bio-Orange (unbehandelt, ungewachst). Bereiten Sie den Grieß-Flammeri in größeren Pudding-Formen zu, erhöht sich die Kühlzeit etwas.

Pro Portion: E: 5 g, F: 21 g, Kh: 26 g, kJ: 1373, kcal: 328, BE: 2,0

Tipp zum Mitnehmen

* Das Obst und das Pesto separat verpacken und erst kurz vor dem Servieren auf der Joghurt-Creme anrichten.

Joghurt-Creme „Trikolore“

Erfrischend – gut vorzubereiten

Zubereitungszeit: 30 Minuten
Kühlzeit: 2 Stunden
12 Portionen

Für die Joghurt-Creme:
300 g Schlagsahne (mind. 30 % Fett)
3 Pck. Dr. Oetker Bourbon-Vanille-Zucker
100 g Zucker
900 g Joghurt (10 % Fett)
100 ml Zitronensaft
3 Btl. aus 2 Pck. Gelatine fix

Für das süße Pesto:
50 g Pinienkerne
1 Bund Basilikum
15 g frische Pfefferminze (etwa 8 Stängel)
2 EL flüssiger Honig
3 EL Walnussöl
abgeriebene Schale und Saft von ½ Bio-Zitrone (unbehandelt, ungewachst)
20 g ger. weiße Schokolade

600 g Himbeeren (frisch oder TK)

01 Für die Creme Sahne steif schlagen. Vanille-Zucker und Zucker gut unterrühren. Joghurt mit Zitronensaft in einer großen Rührschüssel verrühren. Gelatine fix unter ständigem Rühren mit einem Schneebesen hinzugeben und alles etwa 1 Minute gründlich verrühren. Die Sahne in 2 Portionen vorsichtig unter den Joghurt ziehen. Creme in 12 Dessert- oder Weingläser (etwa 150 ml Inhalt) verteilen und zugedeckt 2 Stunden in den Kühlschrank stellen.

02 Für das süße Pesto inzwischen die Pinienkerne in einer Pfanne ohne Fett unter Wenden goldbraun rösten (Achtung: Pinienkerne brennen leicht an!) und auf einen kleinen Teller geben.

03 Basilikum und Minze abspülen, trocken tupfen und die Blättchen von den Stängeln zupfen. Blättchen in grobe Streifen schneiden. Kräuterstreifen, Honig und Pinienkerne in einen Rührbecher geben. Die Zutaten mit einem Pürierstab pürieren, dabei das Öl nach und nach dazugießen und so lange pürieren bis ein cremiges Pesto entstanden ist. Zitronenschale und -saft unterarbeiten. Zuletzt die Schokolade unterrühren.

04 Die frischen Himbeeren verlesen, evtl. kurz abspülen und abtropfen lassen. TK-Himbeeren leicht antauen lassen. Kurz vor dem Servieren das süße Pesto und die Himbeeren auf der Joghurt-Creme verteilen.

Tipp: Das Dessert schmeckt auch mit Erdbeeren sehr gut.

Pro Portion: E: 6 g, F: 21 g, Kh: 20 g, kJ: 1247, kcal: 298, BE: 1,5

Tipp
zum Vorbereiten

* Die Karamellcreme schmeckt frisch am besten. Sie können jedoch den Pudding kochen, erkalten lassen, die steif geschlagene Sahne unterheben und die Karamellcreme zugedeckt in den Kühlschrank stellen. Die Florentiner hacken Sie in Stücke. Schichten Sie die Creme mit den Florentinern jedoch erst kurz vor dem Servieren in Portionsgläser, da sich der Karamell von den Florentinern schnell verflüssigt.

Karamellcreme

Cremig-knusprige Verführung

Zubereitungszeit: 45 Minuten (ohne Abkühlzeit)
12 Portionen

Für die Karamellcreme:
300 g Zucker
3 EL Butter
1 ½ l Milch (3,5 % Fett)
120 g Speisestärke
60 g Zucker

Außerdem:
300 g Mini-Florentiner-Gebäck
375 g Schlagsahne (mind. 30 % Fett)

01 Für die Creme Zucker in einen Edelstahltopf geben und bei mittlerer Hitze goldgelb karamellisieren lassen. Den Topf von der Kochstelle nehmen, die Butter unterrühren. 1,2 Liter von der Milch vorsichtig in den Topf gießen (Achtung: Es spritzt!) und unter gelegentlichem Rühren zum Kochen bringen.

02 Speisestärke mit Zucker und der restlichen Milch anrühren. Sobald die Karamellmilch kocht, den Topf von der Kochstelle nehmen. Angerührte Speisestärke unter Rühren zu der Karamellmilch geben. Den Topf wieder auf die Kochstelle stellen und unter ständigem Rühren aufkochen lassen. Topf von der Kochstelle nehmen. Den Karamellpudding während des Erkaltens ab und zu durchrühren, damit sich keine Haut bildet.

03 Die Florentiner (bis auf 6 Stück) in kleine Stücke brechen oder hacken. Sahne steif schlagen und unter die erkaltete und glatt gerührte Karamellmasse heben.

04 Die Karamellcreme mit den Florentiner-Stücken in Portionsgläser schichten und zugedeckt in den Kühlschrank stellen. Die restlichen 6 Florentiner halbieren und die Desserts damit garnieren.

Tipp: Möchten Sie den Karamellpudding nicht selbst zubereiten, können Sie diesen auch mit fertigem Pudding-Pulver zubereiten. Dafür aus 3 Päckchen Dr. Oetker Pudding-Pulver Karamell-Geschmack und 1 ½ Litern Milch nach Packungsanleitung einen Pudding zubereiten. Die Sahne unter den erkalteten Pudding heben.

Pro Portion: E: 8 g, F: 27 g, Kh: 58 g, kJ: 2106, kcal: 504, BE: 5,0

Tipp zum Mitnehmen

* Das Risotto enthält frische Eier, daher nur gut gekühlt transportieren und nicht längere Zeit in der Wärme stehen lassen.

Rosmarin-Zitronen-risotto mit Kompott

Sahnig-frisch

Zubereitungszeit: 1 Stunde
Kühlzeit: 45 Minuten
Für 12 Portionen

Für das Kompott:
800 g Pflaumen (aus Gläsern)
Pflaumensaft (aus dem Glas)
1–2 EL Zucker
1 Zimtstange
40 g Speisestärke
2 EL Wasser

Für das Risotto:
3–4 kleine Stiele frischer Rosmarin (etwa 4–5 cm lang)
200 g Schlagsahne (mind. 30 % Fett)
1 l Milch (3,5 % Fett)
2 Prisen Salz
2 Bio-Zitronen (unbehandelt, ungewachst)
100 g Zucker
4 EL Wasser
350 g Milch- oder Risottoreis
2 EL Butter
2 Eier (Größe M)
1 Pck. Dr. Oetker Finesse Geriebene Zitronenschale

01 Für das Kompott von den Pflaumen den Saft in einem Topf auffangen, mit Zucker und Zimtstange kurz aufkochen. Inzwischen Stärke mit Wasser anrühren, in die von der Kochstelle genommene Saftmischung rühren, dann nochmals unter Rühren aufkochen lassen. Pflaumen hinzugeben, kurz mit aufkochen lassen. Kompott in einer hitzebeständigen Schüssel abkühlen lassen.

02 Für das Risotto Rosmarin abspülen und trocken tupfen. 100 g Sahne, Milch, Salz und Rosmarin (etwas zum Garnieren beiseitelegen) in einem Topf erhitzen. Zitronen heiß abwaschen, abtrocknen. Die Schalen spiralförmig dünn abschälen und beiseitelegen. Zitronen halbieren, den Saft auspressen. 75 g Zucker bei mittlerer Hitze in einem großen Edelstahltopf hellgelb karamellisieren. Topf von der Kochstelle nehmen. Zitronensaft und Wasser vorsichtig in den Topf geben, bei schwacher Hitze unter Rühren kochen, bis sich der karamellisierte Zucker aufgelöst hat. Reis und 1 Esslöffel Butter unterrühren. Eine der Zitronenspiralen zugeben.

03 Rosmarin aus der Milchmischung entfernen. Ein Drittel der Milchmischung unter den Reis rühren, bei schwacher Hitze unter Rühren zum Kochen bringen. Zitronenschale entfernen. Nach und nach die restliche Milchmischung zugießen, sodass der Reis immer knapp mit Flüssigkeit bedeckt ist. Reis unter gelegentlichem Rühren bei schwacher Hitze etwa 30 Minuten garen. Der Reis soll weich sein, aber noch Biss haben. Die restliche Butter unterrühren, den Reis abkühlen lassen. Die Eier trennen. Das Eigelb sorgfältig unter das Risotto rühren und lauwarm abkühlen lassen.

04 Eiweiß steif schlagen, restlichen Zucker dabei einrieseln lassen. Restliche Sahne ebenfalls steif schlagen. Geriebene Zitronenschale unter das Risotto rühren. Eischnee in 2–3 Portionen und zuletzt Sahne unter das Risotto ziehen. Risotto in einer Schüssel mit restlicher Zitronenspirale und dem beiseitegelegtem Rosmarin garnieren, mit dem Kompott lauwarm oder kalt servieren.

Hinweis: Nur ganz frische Eier verwenden, die nicht älter als 5 Tage sind (Legedatum beachten!). Das Risotto im Kühlschrank aufbewahren und innerhalb von 24 Stunden verzehren.

Pro Portion: E: 7 g, F: 12 g, Kh: 54 g, kJ: 1492, kcal: 355, BE: 4,5

Tipps zum Mitnehmen

* Achten Sie darauf, dass die Servierplatte einen etwas höheren Rand hat, damit die kleinen Schokoladentörtchen nicht verrutschen.

* Geben Sie die Karamellstücke erst kurz vor dem Servieren auf die Creme, damit der Karamell schön knusprig bleibt.

Schokoladen-Canache mit Erdnuss-Karamell

Süße Sünde

Zubereitungszeit: 30 Minuten
Kühlzeit: mindestens 4 Stunden
12 Portionen

Zum Vorbereiten für die Schokoladen-Canache:

600 g Schlagsahne (mind. 30 % Fett)
400 g Zartbitter-Schokolade (mind. 55 % Kakao)

Für den Erdnuss-Karamell:

125 g Erdnusskerne (geröstet, ohne Salz)
125 g Zucker
2 TL Butter
4–5 Prisen feine Meersalzflocken

50 Mini-Reiswaffel-Taler mit Zartbitter-Schokolade
(Packung je 60 g enthält etwa 20 Stück)

01 Zum Vorbereiten für die Canache die Sahne in einem Topf erhitzen, aber nicht kochen lassen. Die Schokolade in Stücke brechen. Topf von der Kochstelle nehmen. Die Schokoladenstücke unter Rühren in der Sahne schmelzen. Die Schokoladensahne in 2–3 hohe Rührbecher geben. Schokoladensahne zugedeckt mindestens 4 Stunden, am besten über Nacht, in den Kühlschrank stellen.

02 Für den Karamell Backpapier auf ein Tablett oder Backblech (gefettet) legen. Erdnusskerne grob hacken. Zucker in einem Edelstahltopf bei mittlerer Hitze goldbraun karamellisieren lassen. Butter und gehackte Erdnusskerne gründlich unterrühren. Die Masse sofort dünn auf dem Backpapier verteilen. Meersalzflocken gleichmäßig daraufstreuen. Karamell erkalten lassen.

03 Die Schokoladensahne jeweils mit einem Mixer (Rührstäbe) steif schlagen. Die Creme portionsweise in einen Spitzbeutel mit Loch- oder Sterntülle füllen. Den Erdnuss-Karamell mit einem Messer in Stücke teilen.

04 Die Mini-Reiswaffel-Taler mit der Schokoladenseite nach oben auf Küchenpapier legen (so rutschen sie beim Aufspritzen der Canache nicht weg). Die Schokoladen-Canache dekorativ auf die Reistaler spritzen.

05 Die Karamellstückchen auf die Schokoladen-Canache geben, dann vorsichtig auf Platten setzen.

Tipps: Bekommen Sie keine ungesalzenen Erdnusskerne, können Sie gesalzene verwenden und lassen Sie die Meersalzflocken weg. Statt mit Meersalz können Sie den Karamell auch mit einigen Prisen ganz fein geschrotetem Chili bestreuen (Achtung: scharf, anschließend unbedingt gründlich die Hände waschen!).

Pro Portion: E: 7 g, F: 39 g, Kh: 34 g, kJ: 2161, kcal: 516, BE: 3,0

Tipps zum Mitnehmen

* Richten Sie die Creme in klaren Kunststoffbechern an. Die Becher zugedeckt in einen stabilen Karton stellen. Die Lücken mit etwas Küchenpapier locker ausstopfen, damit die Becher auch während der Fahrt stehen bleiben.

Cappuccino-Schichtcreme

Italienisch inspiriert

Zubereitungszeit: 30 Minuten
12 Portionen

Für die schokolierten Kaffeebohnen:
30 g Edelbitter-Schokolade (70 % Kakaoanteil)
3 gestr. TL Butter
etwa 36 geröstete Kaffeebohnen

Für die Creme:
300 g Schlagsahne (mind. 30 % Fett)
1½ kg Joghurt (1,5 % Fett)
125 g Puderzucker
3 Beutel Instant-Cappuccino-Pulver

Zum Bestäuben:
etwas Puderzucker

01 Für die schokolierten Kaffeebohnen zunächst ein Tablett mit einem Bogen Backpapier belegen. Die Schokolade in Stücke brechen. Die Schokolade mit der Butter in einem Topf im Wasserbad bei schwacher Hitze unter Rühren schmelzen.

02 Die Kaffeebohnen hinzugeben und unterrühren. Kaffeebohnen herausnehmen und einzeln auf das Tablett legen. Die Schokolade fest werden lassen.

03 Für die Creme die Sahne steif schlagen. Joghurt in eine Rührschüssel geben und mit Puderzucker gut verrühren. Die Sahne unterheben. Eine Hälfte der Joghurtcreme in eine weitere Schüssel geben und das Cappuccino-Pulver gründlich mit einem Schneebesen unterrühren.

04 Beide Cremes abwechselnd in hohe, schlanke Dessertgläser schichten, mit Schokobohnen garnieren. Die Cappuccino-Schichtcreme vor dem Servieren mit Puderzucker bestäuben.

Tipp: Geben Sie 1–2 Teelöffel Kaffeelikör oder Amaretto auf die Cappuccino-Schichtcreme.

Pro Portion: E: 6 g, F: 12 g, Kh: 22 g, kJ: 932, kcal: 223, BE: 2,0

Tipp zum Mitnehmen

* Drei-Schichten-Pudding in einer großen Schale anrichten, mit Frischhaltefolie zudecken und vor Wärme geschützt transportieren.

Drei-Schichten-Pudding

Farbspiel mit Likör

Zubereitungszeit: 1 Stunde
Kühlzeit: 3 Stunden
12 Portionen

Für die Schokoladencreme:
3 Blatt weiße Gelatine
150 ml Milch (3,5 % Fett)
200 g Blockschokolade (in Stückchen)
600 g Schlagsahne (mind. 30 % Fett)
25 g Puderzucker

Für die Eierlikörcreme:
4 Blatt weiße Gelatine
600 g Schlagsahne (mind. 30 % Fett)
1 Pck. Dr. Oetker Vanillin-Zucker
150 ml Eierlikör

Für die Kirschlikörcreme:
4 Blatt weiße Gelatine
600 g Schlagsahne (mind. 30 % Fett)
100 ml Kirschlikör

Zum Bestreuen:
50 g Raspelschokolade

01 Für die Schokoladencreme die Gelatine nach Packungsanleitung einweichen. Milch in einem Topf erhitzen. Die Schokolade unter Rühren darin schmelzen. Gelatine leicht ausdrücken und in der heißen Schokoladenmilch unter Rühren auflösen. Die Schokoladenmasse abkühlen lassen, dann in den Kühlschrank stellen.

02 Sobald die Schokoladenmasse zu gelieren beginnt, die Sahne steif schlagen und den Puderzucker unterrühren. Die Sahne unter die Schokoladenmasse heben. Schokoladencreme in zwei große Glasschalen oder 12 Portionsschalen geben und wieder in den Kühlschrank stellen.

03 Für die Eierlikörcreme die Gelatine nach Packungsanleitung einweichen. Sahne steif schlagen, Vanillin-Zucker und Eierlikör unterrühren. Die Gelatine leicht ausdrücken und in einem kleinen Topf bei schwacher Hitze unter Rühren auflösen. Die aufgelöste Gelatine zuerst mit etwa 4 Esslöffeln von der Eierlikörsahne verrühren, dann unter die restliche Eierlikörsahne rühren. Eierlikörsahne auf der Schokoladencreme verteilen und leicht glatt streichen. Schale oder Schälchen wieder in den Kühlschrank stellen.

04 Für die Kirschlikörcreme Gelatine nach Packungsanleitung einweichen. Die Sahne steif schlagen und den Kirschlikör unterrühren. Gelatine leicht ausdrücken und in einem kleinen Topf bei schwacher Hitze unter Rühren auflösen. Die aufgelöste Gelatine zuerst mit etwa 4 Esslöffeln von der Kirschlikörcreme verrühren, dann unter die restliche Kirschlikörcreme rühren. Kirschlikörcreme auf der Eierlikörcreme verteilen und glatt streichen.

05 Den Drei-Schichten-Pudding mit der Raspelschokolade garnieren.

Tipp: Möchten Sie auf den Likör verzichten, ersetzen Sie den Eierlikör durch Vanillesauce (aus dem Kühlregal) und den Kirschlikör durch Kirschsirup.

Pro Portion: E: 8 g, F: 55 g, Kh: 25 g, kJ: 2721, kcal: 651, BE: 2,0

Back-genuss

Wunderbar zarter Apelstrudel oder fein-säuerlicher Rhabarber-Ofenschlupfer – lauwarm und kalt ein himmlischer Genuss! Kinder freuen sich immer über leckere Peanut-Butter-Brownies und den schnell gemachten Apfelkuchen in kleinen, handlichen Portionen.

Tipps zum Vorbereiten

* Der Strudelteig und die Apfelstifte für die Füllung können vorbereitet werden. Die Apfelstifte dann zusätzlich mit 2–3 Esslöffeln Zitronensaft beträufeln, in den Kühlschrank stellen. Das Zitronenaroma für die Füllung dann einfach weglassen. Den Strudelteig in Frischhaltefolie einpacken und bis zur Verwendung kühl lagern.

Wiener Apfelstrudel

Duftet wunderbar, schmeckt wunderbar

Zubereitungszeit: 50 Minuten (ohne Ruhezeit)
Backzeit: etwa 50 Minuten
12 Stücke

Für den Strudelteig:
200 g Weizenmehl
1 Prise Salz
75 ml lauwarmes Wasser
50 g zerlassene Butter oder Margarine oder 3 EL Speiseöl, z. B. Sonnenblumenöl

50 g Semmelbrösel

Für die Füllung:
1–1 ½ kg Äpfel, z. B. Cox Orange, Elstar
3 Tropfen Zitronen-Aroma
75 g Butter oder Margarine
50 g Rosinen
100 g Zucker
1 Pck. Dr. Oetker Vanillin-Zucker
50 g gem. oder gehackte Mandeln

01 Für den Teig alle Teigzutaten in eine Rührschüssel geben und mit einem Mixer (Knethaken) zunächst kurz auf niedrigster, dann auf höchster Stufe zu einem glatten Teig verarbeiten. In einem kleinen Topf Wasser kochen. Wasser ausgießen und den Topf abtrocknen. Teig auf Backpapier in den heißen Topf legen. Mit dem Deckel verschließen. Den Teig 30 Minuten ruhen lassen.

02 In der Zwischenzeit die Semmelbrösel in einer Pfanne ohne Fett unter Wenden goldbraun rösten und auf einen Teller geben.

03 Den Backofen vorheizen.
Ober-/Unterhitze: etwa 180 °C, Heißluft: etwa 160 °C

04 Für die Füllung Äpfel schälen, vierteln, entkernen und in feine Stifte schneiden. Das Aroma untermischen. Butter oder Margarine zerlassen. Den Teig halbieren und jede Teighälfte auf einem großen bemehlten Geschirrtuch ausrollen.

05 Die beiden Teige dünn mit etwas von dem Fett bestreichen, dann mit den Händen zu jeweils einem Rechteck (etwa 35 x 25 cm) ausziehen. Die Ränder, wenn sie dicker sind, abschneiden. Zwei Drittel des Fettes auf den Teigplatten verstreichen, Brösel daraufstreuen (an den Seiten etwa 2 cm Rand frei lassen). Nacheinander Apfelstifte, Rosinen, Zucker, Vanillin-Zucker und Mandeln darauf verteilen. Die frei gelassenen Teigränder der kurzen Seiten auf die Füllung klappen. Die Teigplatten mithilfe des Tuches von der längeren Seite aus aufrollen, an den Enden gut zusammendrücken.

06 Die Strudel mit der Naht nach unten mit etwas Abstand auf ein Backblech (gefettet) legen, mit etwas Fett bestreichen. Das Backblech in den vorgeheizten Backofen (unteres Drittel) schieben. Die Strudel **etwa 50 Minuten backen.** Nach etwa 30 Minuten Backzeit die Strudel mit dem restlichen Fett bestreichen.

07 Das Backblech auf einen Kuchenrost stellen. Die Strudel darauf erkalten lassen oder warm servieren.

Tipp: Apfelstrudel mit Puderzucker und Vanillesauce servieren.

Pro Portion: E: 4 g, F: 12 g, Kh: 38 g, kJ: 1150, kcal: 274, BE: 3,0

Tipp zum Vorbereiten

* Backen Sie den Kuchen bereits am Abend zuvor. Am nächsten Morgen bereiten Sie den Kuchen fertig zu und stellen ihn bis zum Servieren in den Kühlschrank.

Maulwurfshügel vom Blech

Schoko-fruchtig

Zubereitungszeit: 1 Stunde (ohne Abkühlzeit)
Kühlzeit: 2 Stunden
Backzeit: etwa 30 Minuten
16 Stücke

Zum Vorbereiten:
75 g Zartbitter-Kuvertüre

Für den Rührteig:
250 g Butter oder Margarine (zimmerwarm)
125 g Zucker
1 Pck. Dr. Oetker Finesse Orangenschalen-Aroma
2 EL Aprikosenkonfitüre oder Orangenmarmelade
4 Eier (Größe M)
125 g Weizenmehl
2 Pck. Dr. Oetker Pudding-Pulver Schokoladen-Geschmack
3 gestr. TL Dr. Oetker Backin

Für die Füllung:
500 g abgetropfte Mandarinenspalten (aus der Dose)
250 ml Mandarinensaft (aus der Dose)
8 Blatt weiße Gelatine
800 g Schlagsahne (mind. 30 % Fett)
1 Pck. Dr. Oetker Vanillin-Zucker
evtl. etwas Raspelschokolade
evtl. etwas Puderzucker

01 Kuvertüre in kleine Stücke hacken und in einem Topf im Wasserbad bei schwacher Hitze unter Rühren schmelzen.

02 Den Backofen vorheizen.
Ober-/Unterhitze: etwa 180 °C, Heißluft: etwa 160 °C

03 Für den Teig Butter oder Margarine mit einem Mixer (Rührstäbe) auf höchster Stufe geschmeidig rühren. Nach und nach Zucker und Aroma unterrühren. So lange rühren, bis eine gebundene Masse entstanden ist. Die Konfitüre oder Marmelade untermengen. Eier nach und nach unterrühren (jedes Ei etwa ½ Minute). Mehl mit Pudding-Pulver und Backpulver mischen, auf mittlerer Stufe kurz unterrühren. Die geschmolzene Kuvertüre unterheben.

04 Einen Backrahmen (etwa 28 x 28 cm) auf ein Backblech (gefettet, mit Backpapier belegt) stellen. Den Teig hineingeben und glatt streichen. Das Backblech in den vorgeheizten Backofen schieben. Den Kuchen **etwa 30 Minuten backen**. Das Backblech auf einen Kuchenrost stellen. Den Backrahmen vorsichtig lösen und entfernen. Den Boden vom Backpapier lösen, aber darauf erkalten lassen.

05 Den Gebäckboden etwa 2 cm tief aushöhlen, dabei einen etwa 1 cm breiten Rand stehen lassen. Das ausgehöhlte Gebäck fein zerbröseln und die Gebäckbrösel beiseitestellen.

06 Für die Füllung von den Mandarinen den Saft auffangen, 250 ml davon beiseitestellen. Mandarinen in dem ausgehöhlten Gebäckboden verteilen. Gelatine nach Packungsanleitung einweichen, dann leicht ausdrücken und in einem Topf bei schwacher Hitze unter Rühren auflösen. Aufgelöste Gelatine zunächst mit etwa 4 Esslöffeln von dem Saft verrühren, dann die Mischung unter den restlichen Saft rühren. Die Flüssigkeit in den Kühlschrank stellen. Sobald die Flüssigkeit beginnt dicklich zu werden, Sahne mit Vanillin-Zucker steif schlagen und unterheben. Nach Belieben Raspelschokolade ebenfalls unterheben. Creme in mehreren „Hügeln“ auf den Mandarinen verteilen, mit den Gebäckbröseln bestreuen. Den Kuchen zugedeckt etwa 2 Stunden in den Kühlschrank stellen. Nach Belieben mit Puderzucker bestäuben.

Pro Stück: E: 5 g, F: 32 g, Kh: 32 g, kJ: 1841, kcal: 440, BE: 2,5

Amarena-Schnittchen

Süßes Italien

Zubereitungszeit: 30 Minuten (ohne Abkühlzeit)
Kühlzeit: 1 ½ Stunden
Backzeit: etwa 30 Minuten
48 Stücke

Tipp zum Vorbereiten

* Bereiten Sie den Kuchen bis einschließlich Punkt 5 am Vortag zu und stellen Sie ihn zugedeckt in den Kühlschrank. Einige Stunden vor dem Verzehr können Sie ihn mit Schokolade und Amarenakirschen garnieren und in Schnittchen schneiden. Die Amarena-Schnittchen zugedeckt im Kühlschrank aufbewahren, dabei darauf achten, dass die Garnierung nicht zerstört wird. Setzen Sie die Schnittchen am besten erst kurz vor dem Servieren in die Papierbackförmchen.

Für den Rührteig:
200 g Butter oder Margarine (zimmerwarm)
150 g Zucker
1 Pck. Dr. Oetker Bourbon-Vanille-Zucker
1 Prise Salz
4 Eier (Größe M)
200 g Weizenmehl
3 EL gesiebter Kakao zum Backen
2 gestr. TL Dr. Oetker Backin
2–3 EL Milch (1,5 % Fett)
50 g Zartbitter-Raspelschokolade

Für den Belag:
500 g Mascarpone (ital. Frischkäse)
250 g Magerquark
75 g Zucker
1 Pck. Dr. Oetker Bourbon-Vanille-Zucker
400 g Schlagsahne (mind. 30 % Fett)
2 Pck. Sahnesteif
2 Gläser Amarenakirschen (Einwaage je 250 g)

Zum Garnieren:
50 g Zartbitter-Schokolade (etwa 50 % Kakaoanteil)
1 TL Speiseöl, z. B. Sonnenblumenöl

01 Den Backofen vorheizen.
Ober-/Unterhitze: etwa 180 °C, Heißluft: etwa 160 °C

02 Für den Teig Butter oder Margarine mit einem Mixer (Rührstäbe) auf höchster Stufe geschmeidig rühren. Nach und nach Zucker, Vanille-Zucker und Salz unterrühren. So lange rühren, bis eine gebundene Masse entstanden ist. Eier nach und nach unterrühren (jedes Ei etwa ½ Minute). Mehl mit Kakaopulver und Backpulver mischen und in 2 Portionen auf mittlerer Stufe kurz unterrühren. Zuletzt die Raspelschokolade unterheben.

03 Den Teig auf ein Backblech (30 x 40 cm, gefettet, mit Backpapier belegt) geben und glatt streichen. Das Backblech in den vorgeheizten Backofen schieben. Den Kuchen **etwa 30 Minuten backen.** Das Backblech auf einen Kuchenrost stellen. Den Kuchen erkalten lassen, dann einen Backrahmen um den Kuchen stellen.

04 Für den Belag Mascarpone mit Quark, Zucker und Vanille-Zucker mit dem Mixer (Rührstäbe) geschmeidig rühren. Sahne mit Sahnesteif steif schlagen und unterheben. Amarenakirschen in einem Sieb gut abtropfen lassen, den Saft dabei auffangen. 24 Kirschen halbieren und zum Garnieren beiseitelegen.

05 Kuchen mit dem aufgefangenen Saft beträufeln. Die Kirschen darauf verteilen. Mascarponecreme darauf glatt streichen. Kuchen zugedeckt etwa 1 Stunde in den Kühlschrank stellen.

06 Zum Garnieren Schokolade in kleine Stücke brechen, mit dem Speiseöl in einem Topf im Wasserbad bei schwacher Hitze unter Rühren schmelzen. Dann in einen Gefrierbeutel füllen, eine kleine Ecke abschneiden und die Kuchenoberfläche damit besprenkeln. Kuchen mit den beiseitegelegten Kirschen garnieren. Schokolade fest werden lassen. Den Backrahmen vorsichtig lösen. Den Backrahmen und das Backpapier entfernen. Den Kuchen in etwa 48 Schnittchen schneiden.

Tipp: Die Schnittchen in Papierbackförmchen servieren.

Pro Stück: E: 3 g, F: 12 g, Kh: 14 g, kJ: 723, kcal: 172, BE: 1,0

Tipps zum Mitnehmen

* Sie können die Cannelloni am Vortag zubereiten und zugedeckt im Kühlschrank aufbewahren. Die Himbeersauce füllen Sie am besten in eine gut verschließbare Glasflasche um.

* Zum Mitnehmen packen Sie beides in eine Kühlbox. Stellen Sie sicher, dass nichts umkippen kann.

Süße Cannelloni

Serviert mit feiner Himbeersauce

Zubereitungszeit: etwa 40 Minuten
Backzeit: etwa 50 Minuten
Abkühlzeit: etwa 2 Stunden
12 Portionen

Für die Füllung:
300 g Marzipan-Rohmasse
3 Eiweiß (Größe M)
1 Prise Salz
90 g Zucker
3 Eigelb (Größe M)
600 g Speisequark (20 % Fett)
1 Pck. Dr. Oetker Finesse Geriebene Zitronenschale
3 EL Sirup mit Mandel-Aroma
75 g geröstete, gestiftelte Mandeln

Für die Vanillecreme:
3 Eigelb (Größe M)
1 Ei (Größe M)
50 g Zucker
1 Prise Salz
20 g Speisestärke
750 ml Milch (3,5 % Fett)
2 Pck. Dr. Oetker Bourbon-Vanille-Zucker
200 g Schmand (Sauerrahm)

24 helle Cannelloni-Nudelröhren (250 g)
5 EL gehobelte Mandeln

Für die Himbeersauce:
600 g Himbeeren (frisch oder TK)
etwa 50 g Puderzucker
Saft von 1 Zitrone

Außerdem:
etwas Puderzucker zum Bestäuben

01 Für die Füllung Marzipan grob raspeln. Eiweiß mit Salz und 50 g von dem Zucker sehr steif schlagen. Eigelb mit restlichem Zucker mit einem Mixer (Rührstäbe) dickschaumig schlagen. In einer anderen Schüssel Quark, Zitronenschale, Sirup, Mandeln und Marzipan gut verrühren. Eigelbcreme und Eischnee unterziehen. Quarkcreme in einen Spritzbeutel mit großer Lochtülle füllen.

02 Für die Vanillecreme Eigelb mit Ei, Zucker, Salz und Stärke mit dem Mixer (Rührstäbe) dicklich aufschlagen. Milch mit Vanille-Zucker in einem Topf zum Kochen bringen. Dann die Vanillemilch nach und nach mit dem Mixer (Rührstäbe) auf niedrigster Stufe unter die Eigelbmischung rühren. Die Eigelbmilch zurück in den Topf gießen, unter kräftigem Rühren mit einem Schneebesen kurz aufkochen lassen. Den Topf von der Kochstelle nehmen.

03 Den Backofen vorheizen.
Ober-/Unterhitze: etwa 160 °C

04 Schmand unter die Vanillecreme rühren, dann etwas Vanillecreme in 2 oder 3 Auflaufformen verteilen. Die Marzipan-Quark-Creme in die Cannelloni spritzen, in den Auflaufformen verteilen. Restliche Vanillecreme daraufgeben, glatt streichen, mit Mandelblättchen bestreuen. Die Formen auf dem Rost in den vorgeheizten Backofen (unterste Schiene) schieben. Cannelloni etwa **50 Minuten goldgelb backen.** Nach etwa 20 Minuten mit Backpapier abdecken, damit die Vanillecreme nicht zu dunkel wird.

05 Für die Sauce inzwischen Himbeeren verlesen, evtl. kurz abspülen und trocken tupfen (TK-Himbeeren auftauen lassen). Die Himbeeren mit Puderzucker, Zitronensaft und 75 ml Wasser fein pürieren durch ein feines Sieb streichen und mit etwas Zucker und Zitronensaft zusätzlich abschmecken.

06 Die Auflaufformen auf einen Kuchenrost stellen. Cannelloni in der Form erkalten lassen. Vor dem Servieren mit Puderzucker bestäuben. Die Himbeersauce dazureichen.

Tipp: Den Sirup können Sie durch Mandellikör ersetzen. Wir empfehlen Ihnen die Zubereitung bei Ober-/Unterhitze.

Pro Portion: E: 22 g, F: 28 g, Kh: 59 g, kJ: 2429, kcal: 580, BE: 5,0

Tipp zum Mitnehmen

* Den Kuchen können Sie gut am Vortag zubereiten und als Beitrag zu einem Partybuffet mitnehmen. Dafür den Backrahmen entfernen, den Kuchen aber auf dem Blech lassen und mit Alufolie bedecken. Sahne und Vanille-Zucker sowie gekaufte Schoko-Ornamente für die Garnierung nehmen Sie separat mit. So müssen Sie vor Ort nur noch den Kuchen in etwa 16 Stücke schneiden. Dann die Sahne mit Vanille-Zucker schlagen, entweder auf den Kuchen spritzen oder in Klecksen daraufgeben und mit Schoko-Ornamenten garnieren.

Schokino-Heidelbeer-Kuchen

Blitzschnell gerührt

Zubereitungszeit: 20 Minuten (ohne Abkühlzeit)
Backzeit: etwa 25 Minuten
16 Stücke

Zum Vorbereiten:

220 g abgetropfte Heidelbeeren (aus dem Glas)

250 ml Heidelbeersaft (aus dem Glas)

Für den Rührteig:

1 Pck. Backmischung Schokino-Kuchen

150 g Butter oder Margarine (zimmerwarm)

3 Eier (Größe M)

5 EL Milch (3,5 % Fett)

Für den Guss:

1 Pck. ungezuckerter Tortenguss, klar

1 EL Zitronensaft

1 EL Zucker

01 Zum Vorbereiten von den Heidelbeeren den Saft auffangen, 250 ml davon abmessen (evtl. mit Wasser ergänzen) und für den Guss beiseitestellen.

02 Den Backofen vorheizen.
Ober-/Unterhitze: etwa 200 °C
Heißluft: etwa 180 °C

03 Für den Teig die Backmischung nach Packungsanleitung mit Butter oder Margarine, Eiern und Milch zubereiten. Alle Schokoladenflocken (sind in der Packung enthalten) auf den Teig geben und unterrühren.

04 Einen Backrahmen (30 x 30 cm) auf ein Backblech (gefettet, mit Backpapier belegt) stellen. Den Rührteig in den Backrahmen geben und glatt streichen. Die Heidelbeeren gleichmäßig darauf verteilen. Das Backblech in den vorgeheizten Backofen schieben. Den Kuchen **etwa 25 Minuten backen.**

05 Das Backblech auf einen Kuchenrost stellen. Den Kuchen darauf erkalten lassen.

06 Für den Guss aus Tortengusspulver, Zitronensaft, Zucker und dem beiseitegestellten Heidelbeersaft einen Guss nach Packungsanleitung zubereiten. Den Guss sofort mit einem Pinsel auf dem erkalteten Kuchen verteilen. Den Guss fest werden lassen.

Tipp: Garnieren Sie den Kuchen mit etwas steif geschlagener Vanillesahne und Schoko-Ornamenten. Für die Ornamente den in der Backmischung enthaltenen Glasur-Beutel einige Minuten in heißes Wasser legen, herausnehmen, trocken tupfen und eine sehr kleine Ecke abschneiden. Ornamente auf Backpapier spritzen und fest werden lassen.

Pro Stück: E: 3 g, F: 10 g, Kh: 25 g, kJ: 863, kcal: 205, BE: 2,0

Tipp zum Vorbereiten

* Der Auflauf lässt sich gut vorbereiten, dafür die Form zugedeckt in den Kühlschrank stellen. Etwa 1 Stunde vor dem geplanten Backen aus dem Kühlschrank nehmen.

Quarkauflauf mit Äpfeln

… und dazu richtig viel Vanillesauce

Zubereitungszeit: 40 Minuten
Backzeit: etwa 1 Stunde
12 Portionen

100 g Butter (zimmerwarm)
200 g Zucker
2 Pck. Dr. Oetker Vanillin-Zucker
4 Eier (Größe M)
2 Tropfen Zitronen-Aroma
1 Prise Salz
1 kg Magerquark
200 g Hartweizengrieß
2 Pck. Dr. Oetker Pudding-Pulver Vanille-Geschmack
2 gestr. TL Dr. Oetker Backin

1 kg säuerliche Äpfel (z. B. Boskop)
1 TL Zitronensaft
60 g Rosinen
50 g Sonnenblumenkerne
2 EL Zimt-Zucker
60 g Butter

01 Die Butter mit einem Mixer (Rührstäbe) auf höchster Stufe geschmeidig rühren. Nach und nach Zucker, Vanillin-Zucker, Eier, Aroma, Salz und Quark unterrühren.

02 Grieß mit Pudding-Pulver und Backpulver mischen und portionsweise auf mittlerer Stufe kurz unterrühren.

03 Den Backofen vorheizen.
Ober-/Unterhitze: 180–200 °C
Heißluft: 160–180 °C

04 Die Äpfel abwaschen, abtrocknen und nach Belieben schälen. Äpfel vierteln und die Kerngehäuse entfernen. Zwei Äpfel in Spalten, die restlichen Äpfel in Würfel schneiden. Die Apfelspalten mit Zitronensaft beträufeln.

05 Rosinen und Apfelwürfel unter die Quarkmasse heben. Den Teig in eine große, flache Auflaufform (gefettet) geben und glatt streichen. Die Apfelspalten auf der Quarkmasse verteilen.

06 Den Auflauf mit Sonnenblumenkernen und Zimt-Zucker bestreuen. Die Butter in Flöckchen daraufsetzen. Die Form auf dem Rost in den vorgeheizten Backofen schieben. Den Quarkauflauf **etwa 1 Stunde backen.**

07 Die Form auf einen Kuchenrost stellen. Den Quarkauflauf warm servieren.

Tipps: Sie können den Quarkauflauf auch in 12 kleinen Auflaufförmchen zubereiten. Die Backzeit verkürzt sich dann auf etwa 40 Minuten.

Pro Portion: E: 17g, F: 15 g, Kh: 56 g, kJ: 1807, kcal: 432, BE: 4,5

Tipps zum Vorbereiten

* Bereiten Sie alles bis einschließlich Punkt 7 vor. Die Eiersahne bewahren Sie zugedeckt im Kühlschrank, die Brioche- oder Hefezopfwürfel-Rosinen-Mischung zugedeckt in der Auflaufform auf. Kurz vor dem Servieren heizen Sie den Ofen vor und gehen weiter nach Rezept vor.

Rhabarber-Ofenschlupfer

Gutes aus dem Rohr – mit Rum

Zubereitungszeit: 20 Minuten
Trockenzeit: über Nacht
Backzeit: etwa 20 Minuten
12 Portionen

450 g Brioche oder Hefezopf

375 g Rhabarber
180 g Zucker
75 g Rosinen oder Korinthen
75 ml Rum
75 g gehobelte Mandeln
1 ½ Vanilleschoten
6 Eier (Größe M)
300 g Schlagsahne
450 ml Milch (3,5 % Fett)
1 gestr. TL gem. Zimt
2 Prisen Salz

01 Brioche oder Hefezopf in etwa 1 cm große Würfel schneiden und über Nacht (z. B. auf einem Backblech ausgebreitet) trocknen lassen.

02 Rhabarber putzen, abziehen, abspülen, abtropfen lassen und in kleine Stücke schneiden. Rhabarberstücke mit Zucker in einer Schüssel vermengen.

03 Die Rosinen oder Korinthen mit Rum in einen Topf geben und kurz aufkochen lassen. Den Topf von der Kochstelle nehmen.

04 Gehobelte Mandeln in einer Pfanne ohne Fett unter Wenden goldbraun rösten und auf einen Teller geben. Die Vanilleschoten der Länge nach halbieren, das Mark herauskratzen.

05 Den Backofen vorheizen.
Ober-/Unterhitze: etwa 200 °C
Heißluft: etwa 180 °C
Dabei eine Fettpfanne, etwa 1 cm hoch mit Wasser gefüllt, im unteren Drittel mit einschieben.

06 Eier mit Sahne und Milch verschlagen. Das Vanillemark unterrühren. Die Eiersahne mit Zimt und Salz würzen.

07 Die Brioche- oder Hefezopfwürfel, Rhabarberstücke und Rumrosinen oder -korinthen vermischen und in eine große Auflaufform (gefettet, mit Semmelbröseln ausgestreut) füllen.

08 Die Eiersahne gleichmäßig über die vorbereitete Masse gießen. Die Mandeln daraufstreuen.

09 Die Auflaufform in das erwärmte Wasser der Fettpfanne stellen und in den vorgeheizten Backofen schieben. Ofenschlupfer **etwa 20 Minuten backen.**

Tipp: Servieren Sie zum Ofenschlupfer eine Vanillesauce.

Pro Portion: E: 10 g, F: 19 g, Kh: 41 g, kJ: 1626, kcal: 389, BE: 3,5

Tipp

zum Transportieren

* Der Browniekuchen lässt sich in einer zugedeckten Back- oder Auflaufform unkompliziert transportieren und vor Ort in der Form (bei einer Backform mit Antihaftbeschichtung unbedingt darauf achten, dass diese beim Schneiden nicht zerstört wird) in Stücke schneiden.

Peanut-Butter-Brownies

The American Way of Cake

Zubereitungszeit: 40 Minuten (ohne Abkühlzeit)
Backzeit: etwa 40 Minuten
25 Stücke

Für den Rührteig:
150 ml Wasser
50 g gesiebter Kakao zum Backen
2 Peanut-Butter-Schokoriegel (etwa 100 g)
150 g Peanut Butter, creamy (Erdnusscreme ohne Stückchen)
100 ml Sonnenblumen- oder Rapsöl
200 g Zucker
1 Prise Salz
3 Eier (Größe M)
300 g Weizenmehl
2 geh. TL Dr. Oetker Backin

Für den Guss:
25 g Butter
100 g Puderzucker
30 g Kakao zum Backen
3–4 EL Kondensmilch (4 % Fett)

01 Den Backofen vorheizen.
Ober-/Unterhitze: etwa 180 °C
Heißluft: etwa 160 °C

02 Für den Teig Wasser mit Kakao in einem Kochtopf verrühren. Das Kakaowasser unter Rühren zum Kochen bringen. Den Topf von der Kochstelle nehmen.

03 Die Schokoriegel der Länge nach halbieren, dann quer in kleine Stücke schneiden. Peanut Butter, Sonnenblumen- oder Rapsöl, Zucker, Salz und Eier in eine Rührschüssel geben. Die Zutaten mit einem Mixer (Rührstäbe) zunächst kurz auf niedrigster, dann auf höchster Stufe in etwa 2 Minuten geschmeidig rühren.

04 Das Mehl mit dem Backpulver gut vermischen. Die Mehlmischung abwechselnd mit der Kakaoflüssigkeit in 2 Portionen auf mittlerer Stufe kurz unterrühren. Zuletzt die Schokoriegelstückchen unterheben.

05 Den Teig in eine quadratische Back- oder Auflaufform (25 x 25 cm, gefettet) geben und glatt streichen. Die Form auf dem Rost in den vorgeheizten Backofen schieben. Den Browniekuchen **etwa 40 Minuten backen.**

06 Die Form auf einen Kuchenrost stellen. Den Browniekuchen etwa 5 Minuten in der Form abkühlen lassen. Dann vorsichtig aus der Form lösen und auf einen mit Backpapier belegten Kuchenrost stürzen. Den Browniekuchen erkalten lassen.

07 Für den Guss die Butter in einem Topf zerlassen und etwas abkühlen lassen. Puderzucker mit Kakao mischen und in eine Rührschüssel sieben. Butter und Kondensmilch mit einem Rührlöffel gut unterrühren. Den Guss gleichmäßig auf dem Browniekuchen verteilen. Den Kuchen zugedeckt, sodass der Guss nicht gedrückt wird, in den Kühlschrank stellen.

08 Den Browniekuchen etwa eine halbe Stunde vor dem Verzehr aus dem Kühlschrank nehmen und in etwa 25 Stücke schneiden.

Pro Stück: E: 4 g, F: 11 g, Kh: 25 g, kJ: 904, kcal: 216, BE: 2,0

126

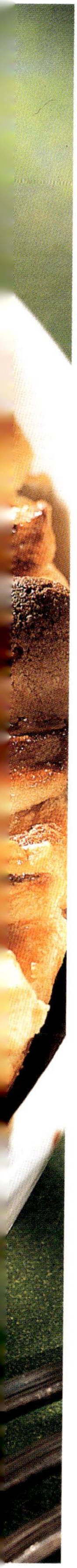

Apfelauflauf mit Amarettini

Widerstand zwecklos

Zubereitungszeit: 40 Minuten
Backzeit: 1 Stunde
12 Portionen

Tipps zum Vorbereiten

* Den Auflauf sollten Sie frisch und noch warm servieren. Sie können ihn bis einschließlich Punkt 4 vorbereiten. Die Eiermilch sollten Sie zugedeckt im Kühlschrank, den Biskuit in der Auflaufform zugedeckt und kühl gestellt aufbewahren.

Zum Vorbereiten:
100 g gestiftelte Mandeln

1 Lage von 1 hellem Biskuitboden (Fertigprodukt)
500 ml Milch (3,5 % Fett)
5 Eier (Größe M)
60 g Zucker
¾ Röhrchen Bittermandel-Aroma
100 g Amarettini (ital. Mandelmakronen)
1 ½ kg Äpfel, z. B. Boskop

Für die Formen:
20 g Butter oder Margarine

01 Zum Vorbereiten die Mandeln in einer Pfanne ohne Fett goldbraun rösten und auf einen Teller geben.

02 Den Backofen vorheizen.
Ober-/Unterhitze: etwa 180 °C
Heißluft: etwa 160 °C

03 Den Boden von einer flachen, runden Auflauf- oder Pieform (Ø 26–28 cm, gefettet) mit dem Biskuit auslegen.

04 Die Milch mit den Eiern verschlagen. Zucker und Aroma unterrühren. Amarettini in einen Gefrierbeutel geben (evtl. einige Amarettini zum Belegen beiseitelegen). Den Beutel fest verschließen und die Amarettini mit einer Teigrolle grob zerbröseln.

05 Die Äpfel schälen, vierteln und entkernen. Die Apfelviertel nach Belieben nochmals längs halbieren. Die Apfelspalten dachziegelartig auf dem Biskuit in der Form verteilen. Die Äpfel mit den Mandeln und Amarettinibröseln bestreuen. Die Eiermilch vorsichtig daraufgießen. Nach Belieben die beiseitegelegten Amarettini darauflegen.

06 Die Form auf dem Rost in den vorgeheizten Backofen schieben. Den Apfelauflauf **etwa 1 Stunde backen.**

Tipps: Servieren Sie zu dem Auflauf pro Portion eine Kugel Vanille- oder Fruchteis und etwas steif geschlagene Sahne.
Belegen Sie den Auflauf nach etwa 50 Minuten Backzeit mit einem Stück Backpapier, damit er nicht zu dunkel wird.
Anstelle der Äpfel können Sie auch Birnen verwenden. Dafür etwa 1,3 kg Birnen schälen, vierteln, entkernen und in Spalten schneiden. Die Birnen etwa 8 Minuten in 125 ml Weißwein dünsten, in ein Sieb abgießen und gut abtropfen lassen. Anschließend die Birnen auf den Biskuit legen und wie im Rezept beschrieben weiterverarbeiten. Zu dem Birnenauflauf schmeckt Schokoladeneis besonders gut.

Pro Portion: E: 8 g, F: 11 g, Kh: 36 g, kJ: 1135, kcal: 271, BE: 3,0

Tipp zum Vorbereiten

* Die Knusper-Päckchen schmecken frisch am besten. Sie können jedoch alle Arbeitschritte bis einschließlich Punkt 4 vorbereiten. Die mit dem Filoteig ausgelegte Muffinform und die Quark-Aprikosen-Masse decken Sie getrennt voneinander mit Frischhaltefolie ab und stellen beides bis zur Weiterverarbeitung in den Kühlschrank.

1½ kg frische Aprikosen
1 Bio-Zitrone (unbehandelt, ungewachst)
2 Prisen gem. Zimt
2 Pck. Dr. Oetker Vanillin-Zucker
evtl. 6–8 EL flüssiger Honig
24 kleine, runde Blätter Filoteig (Fertigprodukt aus dem Kühlregal)
6–8 EL zerlassene Butter
500 g Magerquark
2 Eier (Größe M)
4 gestr. EL Dr. Oetker Pudding-Pulver Vanille-Geschmack
4 EL gehackte Pistazienkerne

Knusper-Päckchen

Fruchtig & zart

Zubereitungszeit: 35 Minuten
Backzeit: 25–30 Minuten
12 Stück

01 Aprikosen gründlich abwaschen, abtrocknen, halbieren und entsteinen. 16 Aprikosenhälften klein würfeln und in eine Schüssel geben. Zitrone heiß abwaschen, abtrocknen und die Schale fein abreiben. Zitrone halbieren, den Saft auspressen. 4 Esslöffel davon mit Zimt unter die Aprikosenwürfel geben und untermischen. Restliche Aprikosenhälften mit Vanillin-Zucker und restlichem Zitronensaft fein pürieren. Das Püree nach Belieben mit Honig abschmecken.

02 Den Backofen vorheizen.
Ober-/Unterhitze: etwa 180 °C
Heißluft: etwa 160 °C

03 Von den Teigblättern 12 Stück auf einer leicht bemehlten Arbeitsfläche ausbreiten, dünn mit etwas Butter bestreichen und jeweils mit einem zweiten Teigblatt belegen. Diese ebenfalls dünn mit Butter bestreichen. Die doppelt aufeinanderliegenden Teigblätter in die Mulden einer Muffinform für 12 Muffins (gefettet) legen, dabei jeweils Rand und Boden leicht andrücken. Überstehenden Teigrand abschneiden.

04 Die Aprikosenwürfel in einem Sieb abtropfen lassen, den Saft dabei auffangen. Aprikosensaft mit Zitronenschale, Quark, restlichem Honig, Eiern, Pudding-Pulver und 2 Esslöffeln Pistazienkernen glatt rühren. Die Aprikosenwürfel unterheben.

05 Quark-Aprikosen-Masse in die mit Teigblättern ausgelegten Mulden geben, mit den restlichen Pistazienkernen bestreuen.

06 Die Muffinform auf dem Rost in den vorgeheizten Backofen schieben. Die Knusper-Päckchen **25–30 Minuten backen.** Kurz vor Ende der Backzeit die Knusper-Päckchen evtl. mit etwas Backpapier zudecken, damit der Teig nicht zu stark bräunt.

07 Die Form auf einen Kuchenrost stellen. Knusper-Päckchen etwa 5 Minuten abkühlen lassen, dann aus den Mulden lösen. Die Knusper-Päckchen mit dem Aprikosenpüree anrichten und servieren.

Tipp: Außerhalb der Saison können Sie statt frischer etwa 1 kg abgetropfte Aprikosenhälften aus der Dose verwenden.

Pro Stück: E: 10 g, F: 14 g, Kh: 30 g, kJ: 1222, kcal: 291, BE: 2,5

Pralinencremekuchen

Pures Glück – mit Weinbrand

Zubereitungszeit: 45 Minuten (ohne Abkühlzeit)
Kühlzeit: 3 Stunden
Backzeit: 15–20 Minuten
12 Stücke

Für den Belag:
150 g Edelbitter-Schokolade (etwa 60 % Kakaoanteil)
300 g Schlagsahne (mind. 30 % Fett)

Für den Teig:
2 Eier (Größe M)
2 EL Weinbrand
70 g Zucker
1 Prise Salz
1 EL Weizenmehl
1 gestr. TL Dr. Oetker Backin
100 g geröstete, gem. Walnusskerne

150 g Butter (zimmerwarm)
1 Pck. Dr. Oetker Bourbon-Vanille-Zucker
30 g Zucker

2 EL Kakao zum Backen

01 Für den Belag die Schokolade in kleine Stücke brechen. Die Sahne in einen Topf geben und aufkochen. Den Topf von der Kochstelle nehmen. Die Schokostücke unter Rühren in der Sahne schmelzen. Schokosahne abkühlen lassen und zugedeckt mindestens 2 Stunden in den Kühlschrank stellen.

02 Den Backofen vorheizen.
Ober-/Unterhitze: etwa 180 °C, Heißluft: etwa 160 °C

03 Für den Teig Eier mit Weinbrand in einer Rührschüssel mit einem Mixer (Rührstäbe) auf höchster Stufe in 1 Minute schaumig schlagen. Zucker und Salz in 1 Minute einstreuen, dann noch etwa 2 Minuten weiterschlagen. Mehl mit Backpulver mischen, daraufgeben, kurz auf niedrigster Stufe unterrühren. Die Nüsse kurz unterrühren. Teig in einer Kastenform (25 x 11 cm, gefettet, gemehlt) glatt streichen. Die Form auf dem Rost in den vorgeheizten Backofen schieben. Den Kuchen **15–20 Minuten backen.**

04 Die Form auf einen Kuchenrost stellen. Den Kuchen etwa 15 Minuten in der Form abkühlen lassen. Anschließend den Kuchen auf einen mit Backpapier belegten Kuchenrost stürzen.

05 Butter mit Vanille-Zucker und Zucker mit dem Mixer (Rührstäbe) zu einer weißen Creme aufschlagen. Die Schokosahne esslöffelweise unterrühren, sodass eine geschmeidige Masse entsteht. Dabei darauf achten, dass Butter und Schokosahne Zimmertemperatur haben, da die Creme sonst gerinnt.

06 Von der Pralinencreme 4 Esslöffel abnehmen und damit die Kuchenseiten einstreichen. Die restliche Creme in einen Spritzbeutel mit Lochtülle (Ø 12 mm) füllen und Tupfen auf den Kuchen spritzen. Den Kuchen zugedeckt, sodass die Creme nicht zerdrückt wird, mindestens 1 Stunde in den Kühlschrank stellen. Den Kuchen kurz vor dem Servieren mit Kakaopulver bestäuben.

Tipp zum Vorbereiten

* Der Pralinencremekuchen lässt sich sehr gut am Vortag zubereiten. Lassen Sie ihn bis kurz vor dem Servieren im Kühlschrank stehen, denn gut durchgekühlt schmeckt er besonders gut.

Pro Stück: E: 5 g, F: 31 g, Kh: 17 g, kJ: 1544, kcal: 369, BE: 1,5

Tipp zum Vorbereiten

* Bratäpfel sollten Sie unbedingt frisch servieren. Auch wenn die Zubereitung recht schnell geht, können Sie dennoch einige Vorbereitungen treffen: Die Rosinen sollten Sie sowieso am Vortag einweichen oder stattdessen fertige Rum-Rosinen verwenden. Die Äpfel können Sie bereits gründlich waschen, die Kerngehäuse sollten Sie aber noch nicht ausstechen. Bereiten Sie die Butter-Mandel-Rosinen-Masse vor und stellen Sie diese zugedeckt in den Kühlschrank. Denken Sie daran, diese etwa 1 Stunde bevor Sie sie in die Äpfel füllen wollen, aus dem Kühlschrank zu nehmen, damit die Masse nicht zu fest ist.

Bratäpfel

So schmeckt der Winter – mit Rum

Zubereitungszeit: etwa 30 Minuten
Einweichzeit: über Nacht
Garzeit: etwa 40 Minuten
12 Portionen

Zum Vorbereiten:
1½ EL Rosinen
etwa 150 ml Rum

12 Äpfel, z. B. Holsteiner Cox oder Boskop
30 g Butter (zimmerwarm)
30 g Zucker
1–2 Pck. Dr. Oetker Vanillin-Zucker
3 EL abgezogene, gem. Mandeln
3 EL gestiftelte Mandeln

01 Zum Vorbereiten die Rosinen in 3 Esslöffeln von dem Rum über Nacht einweichen.

02 Den Backofen vorheizen.
Ober-/Unterhitze: etwa 200 °C
Heißluft: etwa 180 °C

03 Die Äpfel entstielen, gründlich abwaschen und abtrocknen. Von der Blütenseite her mit einem Apfelausstecher die Kerngehäuse ausstechen, möglichst nicht ganz durchstechen. Die Äpfel in eine gefettete Auflaufform geben.

04 Butter mit Zucker, Vanillin-Zucker, gemahlenen Mandeln und eingeweichten Rosinen gut verrühren. Die Butter-Mandel-Rosinen-Masse mit einem Teelöffel in die Äpfel füllen. Mandelstifte darauf verteilen und leicht andrücken. Den restlichen Rum zu den Äpfeln in die Form gießen.

05 Die Form auf dem Rost in den vorgeheizten Backofen (unteres Drittel) schieben. Die Bratäpfel **etwa 40 Minuten garen.**

06 Die Form auf einen Kuchenrost stellen. Die Äpfel heiß servieren.

Tipps: Bratäpfel mit Puderzucker bestäubt, mit Vanillesauce oder halb steif geschlagener Schlagsahne servieren.
Für Bratäpfel ohne Alkohol die Rosinen in 3 Esslöffeln Orangen- oder Apfelsaft einweichen, abtropfen lassen und wie im Rezept beschrieben verwenden. Anstelle des Rums Orangen- oder Apfelsaft in die Auflaufform gießen.

Pro Portion: E: 2 g, F: 7 g, Kh: 23 g, kJ: 814, kcal: 194, BE: 2,0

Pflaumen-Crumble

Knuspergenuss zum Vorbereiten

Zubereitungszeit: 45 Minuten
Backzeit: etwa 25 Minuten
12 Portionen

Tipp zum Transportieren

* Verteilen Sie die Pflaumen und die Streusel in 12 kleinen Auflaufförmchen. Nach dem Erkalten die Förmchen mit Frischhaltefolie zugedeckt in einen stabilen Karton stellen und die Lücken mit Küchenpapier ausstopfen, sodass die Förmchen nicht verrutschen können.

Zum Vorbereiten:
2 ½ kg Pflaumen

Für die Streusel:
225 g Butter (zimmerwarm)
350 g Weizenmehl
200 g Zucker
2 Pck. Dr. Oetker Bourbon-Vanille-Zucker
2 Pck. Dr. Oetker Finesse Orangenschalen-Aroma
½ gestr. TL Zimt
etwas Salz

Zum Garnieren:
1 Bio-Orange (unbehandelt, ungewachst)

01 Zum Vorbereiten die Pflaumen entstielen, abspülen und abtrocknen. Pflaumen entsteinen und halbieren.

02 Den Backofen vorheizen.
Ober-/Unterhitze: etwa 200 °C
Heißluft: etwa 180 °C

03 Für die Streusel Butter in eine Rührschüssel geben. Mehl, Zucker, Vanille-Zucker, Orangenschalen-Aroma, Zimt und Salz hinzugeben. Die Zutaten mit einem Mixer (Rührstäbe) zunächst kurz auf niedrigster, dann auf höchster Stufe zu Streuseln von gewünschter Größe verarbeiten.

04 Die vorbereiteten Pflaumen gleichmäßig auf einem tiefen Backblech (gefettet) verteilen. Die Streusel gleichmäßig darauf verteilen.

05 Das Backblech in den vorgeheizten Backofen schieben. Den Pflaumen-Crumble **etwa 25 Minuten backen.**

06 In der Zwischenzeit die Orange heiß abwaschen und abtrocknen. Dann mit einem Zestenreißer feine Streifen von der Orange abziehen.

07 Das Backblech auf einen Kuchenrost stellen. Den Pflaumen-Crumble lauwarm abkühlen lassen. Den Crumble in Dessertschalen anrichten und mit den Orangenstreifen garniert servieren.

Tipps: Sie können den Crumble auch mit saisonal erhältlichem Obst wie Stachelbeeren, Aprikosen, Kirschen, Mirabellen oder Äpfeln zubereiten. Möchten Sie Obst aus Gläsern verwenden, lassen Sie es sehr gut abtropfen, damit der Crumble nicht zu flüssig wird. Servieren Sie dazu Vanilleeis, Vanillesauce oder leicht angeschlagene Sahne.

Pro Portion: E: 4 g, F: 17 g, Kh: 60 g, kJ: 1728, kcal: 413, BE: 5,0

Apfelkuchen

Geschüttelt & gerührt

Zubereitungszeit: 15 Minuten
Backzeit: etwa 35 Minuten
32 Stücke

Zum Vorbereiten:
150 g Zwieback

Für den Schüttelteig:
200 g Butter oder Margarine
300 g Weizenmehl
1 Pck. Dr. Oetker Backin
150 g Puderzucker
5 Eier (Größe M)
250 ml Apfelsaft, naturtrüb

Für den Belag:
1 ½ kg Äpfel (z. B. Boskop)
30 g gestiftelte Mandeln

01 Zum Vorbereiten Zwieback in einen Gefrierbeutel geben. Den Beutel fest verschließen. Anschließend Zwieback mit einer Teigrolle fein zerbröseln.

02 Für den Teig Butter oder Margarine zerlassen und abkühlen lassen. Mehl mit Backpulver und Puderzucker mischen, in eine verschließbare Schüssel (etwa 3 l) geben und mit den Zwiebackbröseln mischen. Eier, zerlassene Butter oder Margarine und Apfelsaft hinzufügen und die Schüssel mit dem Deckel fest verschließen.

03 Schüssel mehrmals kräftig schütteln (insgesamt 15–30 Sekunden), sodass alle Zutaten gut vermischt sind.

04 Alles mit einem Schneebesen oder Rührlöffel nochmals sorgfältig durchrühren, damit trockene Zutaten vom Rand mit untergerührt werden. Den Teig auf ein Backblech (30 x 40 cm, gefettet, mit Backpapier belegt) geben und glatt streichen.

05 Den Backofen vorheizen.
Ober-/Unterhitze: 180–200 °C
Heißluft: 160–180 °C

06 Für den Belag Äpfel schälen, vierteln, entkernen, in Spalten schneiden und dachziegelartig auf dem Teig verteilen. Die Äpfel mit Mandeln bestreuen.

07 Das Backblech in den vorgeheizten Backofen schieben. Den Apfelkuchen **etwa 35 Minuten backen.**

08 Das Backblech auf einen Kuchenrost stellen. Den Apfelkuchen darauf erkalten lassen.

Tipp: Den Apfelkuchen mit Puderzucker bestäubt servieren. Der Kuchen schmeckt auch lauwarm sehr gut.

Tipps zum Vorbereiten

* Sie können den Kuchen sehr gut am Vortag backen. Lassen Sie ihn wie beschrieben auf dem Blech erkalten und decken Sie ihn anschließend mit Alufolie ab. Zum Servieren – zum Beispiel auf einem Buffet – sieht es hübsch aus, wenn Sie den Kuchen in vorportionierte Stücke (etwa 7 ½ x 5 cm) schneiden und diese in Muffin-Papierbackförmchen setzen.

Pro Stück: E: 3 g, F: 7 g, Kh: 20 g, kJ: 654, kcal: 156, BE: 1,5

Eis-genuss

Diese Desserts bringen nicht nur Eis-Liebhaber zum Schmelzen! Verwöhnen Sie Ihre Gäste mit edler Schokoladen-Kaffee-Cassata, der fruchtigen Eisbombe Bismarck oder zartem Crème-fraîche-Eis.

Tipp zum Vorbereiten

* Die Schokoladen-Kaffee-Cassata sollte maximal 1 Woche vor dem Verzehr zubereitet werden.

Schokoladen-Kaffee-Cassata

Verführerisch

Zubereitungszeit: 60 Minuten
Gefrierzeit: etwa 5 Stunden
12 Portionen

Zum Vorbereiten:
100 g Zartbitter-Schokolade (etwa 50 % Kakaoanteil)

Für die Eismasse:
3 Eier (Größe M)
2 Eigelb (Größe M)
50 g Zucker
50 g Traubenzucker
250 ml Milch (3,5 % Fett)
500 g Schlagsahne (mind. 30 % Fett)
½ Pck. Dr. Oetker Bourbon-Vanille-Zucker
2–3 TL Instant-Espressopulver
40 g gehackte schokolierte Espressobohnen (Zartbitter)

01 Zum Vorbereiten Schokolade in kleine Stückchen hacken und in eine Rührschüssel geben.

02 Für die Eismasse Eier, Eigelb, Zucker und Traubenzucker mit einem Mixer (Rührstäbe) in etwa 5 Minuten schaumig aufschlagen. Milch in einem Topf zum Kochen bringen. Den Topf von der Kochstelle nehmen. Die Milch nach und nach unter den Eierschaum rühren und zurück in den Topf geben. Die Eiermilch mit einem Schneebesen bei mittlerer Hitze cremig aufschlagen. Die Masse darf nicht kochen, da die Eier-Milch-Masse sonst gerinnt.

03 Den Topf wieder von der Kochstelle nehmen. 500 ml der heißen Eiermilch auf die gehackte Schokolade in die Rührschüssel geben. Den Topf mit der restlichen heißen Eier-Masse sofort in ein kaltes Wasserbad stellen. So lange schlagen, bis die Masse kalt ist. Schokoladen-Eier-Masse mit einem Schneebesen glatt rühren und abkühlen lassen. Dabei gelegentlich umrühren.

04 Sahne mit Vanille-Zucker steif schlagen, ein Drittel unter die Schokoladen-Eier-Masse heben. Restliche Sahne in den Kühlschrank stellen. Schokomasse in einer gefrierfesten Kastenform (25 x 11 cm, mit Backpapier ausgelegt) glatt streichen. Die Form zugedeckt etwa 30 Minuten in das Gefrierfach stellen, solange bis die Oberfläche fest ist.

05 Restliche Sahne unter die Eiermilch heben. Die Masse halbieren. Eine Hälfte auf der Schokoladen-Schicht glatt streichen. Die andere Hälfte in den Kühlschrank stellen. Die Form zugedeckt etwa 30 Minuten in das Gefrierfach stellen, bis die Oberfläche fest ist.

06 Espressopulver und -bohnen unter die restliche Eiermilch-Sahne heben, dann als letzte Schicht in der Form glatt streichen. Die Form zugedeckt mindestens 4 Stunden in das Gefrierfach stellen. Cassata etwa 30 Minuten vor dem Servieren in den Kühlschrank stellen. Dann auf ein Schneidbrett stürzen und in Scheiben schneiden.

Hinweis: Nur ganz frische Eier verwenden, die nicht älter als 5 Tage sind (Legedatum beachten).

Pro Portion: E: 5 g, F: 21 g, Kh: 16 g, kJ: 1119, kcal: 268, BE: 1,5

Tipps zum Vorbereiten

* Den Eis-Gugelhupf können Sie bis zu 1 Woche vor dem Verzehr zubereiten. Füllen Sie die Mitte des Gugelhupfs mit frischem, vorbereiteten Beerenobst.

Eis-Gugelhupf

Prachtstück

Zubereitungszeit: 45 Minuten
Durchziehzeit: 2 Stunden
Gefrierzeit: etwa 5 Stunden
12 Portionen

Zum Vorbereiten:
100 g gemischte getrocknete Früchte (entsteint, z. B. Cranberries, Physalis, Kirschen)
50 g Orangeat
3–4 EL Zitronen- oder Orangensaft

Für die Eismasse:
4 Eiweiß (Größe M)
1 Prise Salz
75 ml Wasser
100 g Zucker
40 g Traubenzucker
½ Vanilleschote
250 g Mascarpone (ital. Frischkäse)
100 g Schlagsahne (mind. 30 % Fett)
50 g Zartbitter-Raspelschokolade

01 Zum Vorbereiten getrocknete Früchte und Orangeat hacken, mit dem Saft in einer Schale mischen und zugedeckt mindestens 2 Stunden durchziehen lassen.

02 Für die Eismasse Eiweiß mit Salz steif schlagen. Wasser mit Zucker und Traubenzucker in einem Topf unter Rühren aufkochen lassen, bis sich der Zucker gelöst hat. Die kochend heiße Zuckerlösung in einem dünnen Strahl zum Eischnee geben, dabei den Eischnee weiterschlagen, bis er glänzt. Die Eischnee-Masse abkühlen lassen, dabei immer wieder mit dem Schneebesen durchschlagen.

03 Vanilleschote längs aufschneiden und das Mark mit einem Messerrücken herauskratzen. Vanillemark, Mascarpone und Schlagsahne mit einem Mixer (Rührstäbe) steif schlagen. Nacheinander die eingeweichten Früchte und die Raspelschokolade unterrühren. Eischnee-Masse in zwei Portionen unterheben.

04 Die Eismasse in eine gefrierfeste Gugelhupfform (Ø 20–22 cm) füllen. Die Form 1–2mal mit Gefühl auf die Arbeitsfläche klopfen, damit größere Luftblasen entweichen können. Die Form zugedeckt etwa 5 Stunden in das Gefrierfach stellen.

05 Die Form kurz in heißes Wasser tauchen. Das Eis aus der Form auf eine Platte stürzen und in Stücke schneiden. Nach Belieben mit frischen Früchten garnieren.

Hinweis: Nur ganz frische Eiweiß verwenden, die nicht älter als 5 Tage sind (Legedatum beachten).

Tipps: Den Zitronen- oder Orangensaft können Sie durch Zitronen- oder Orangenlikör ersetzen. Die gemischten Trockenfrüchte können Sie bereits als fertige Mischung kaufen. Sie sind manchmal auch als Snack deklariert.
Anstelle von Zitronen- oder Orangenlikör können Sie auch Kirschwasser, Himbeer- oder Birnengeist verwenden. Das Eis kann kurz vor dem Verzehr aus dem Gefrierfach genommen werden. Es muss nicht antauen. Das überschüssige Eigelb kann gut eingefroren und z. B. für eine größere Menge Rührei verwendet werden.

Pro Portion: E: 3 g, F: 12 g, Kh: 24 g, kJ: 921, kcal: 220, BE: 2,0

Tipp zum Vorbereiten

* Die kleinen Waffeleis-Becher maximal einen Tag vor dem Servieren zubereiten, da die Waffelbecher schnell zäh werden.

Kleine Waffeleis-Becher

Etwas Besonderes

Zubereitungszeit: 45 Minuten
Gefrierzeit: etwa 3 Stunden
12 Portionen

Für die Eismasse:
3 Eier (Größe M)
120 g Zucker
2 Pck. Dr. Oetker Vanillin-Zucker
Saft von 1 Zitrone
200 g Frischkäse (20 % Fett)
500 g Schlagsahne (mind. 30 % Fett)

12 schokolierte Waffelbecher (aus dem Keksregal)

01 Für die Eismasse Eier mit Zucker, Vanillin-Zucker und Zitronensaft in einem Topf unter ständigem Rühren mit einem Schneebesen bei mittlerer Hitze zu einer dicklich-cremigen Masse aufschlagen. Die Masse darf nicht kochen, da die Eier sonst gerinnen.

02 Den Topf von der Kochstelle nehmen, sofort in eiskaltes Wasser stellen. Die Masse unter Rühren erkalten lassen. Den Frischkäse etwas glatt rühren, dann unterrühren.

03 Sahne steif schlagen und unter die Frischkäsemasse heben. Die Eismasse mit einem Teelöffel in die Waffelbecher füllen.

04 Die gefüllten Becher in eine gefrierfeste Dose stellen, mit einem Deckel verschließen und in das Gefrierfach stellen. Das Eis etwa 3 Stunden gefrieren lassen.

Hinweis: Nur ganz frische Eier verwenden, die nicht älter als 5 Tage sind (Legedatum beachten).

Tipps: Geben Sie in die Waffelbecher eine schokolierte Kaffeebohne, eine schokolierte Nuss oder bunte Schokolinsen, bevor Sie die Eismasse einfüllen.

Pro Portion: E: 5 g, F: 16 g, Kh: 16 g, kJ: 959, kcal: 229, BE: 1,5

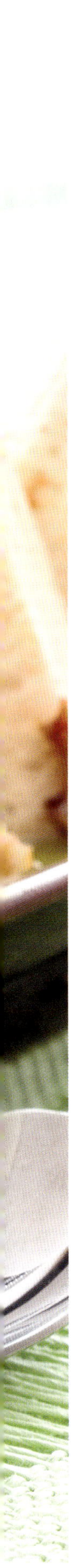

Tipp zum Vorbereiten

* Das Walnuss-Zimt-Parfait kann bis zu einer Woche im Voraus zubereitet werden.

Walnuss-Zimt-Parfait

Winterliche Eisfreuden

Zubereitungszeit: 25 Minuten (ohne Abkühlzeit)
Gefrierzeit: etwa 5 Stunden
12 Portionen

Zum Vorbereiten:
140 g Walnusskerne
60 g Zucker
4 EL Wasser

Für das Parfait:
6 Eigelb (Größe M)
150 g Zucker
2 geh. TL gem. Zimt
6 Eiweiß (Größe M)
2 EL Zucker
500 g Crème double

01 Zum Vorbereiten Walnusskerne fein hacken. Zucker und Wasser in einem Edelstahltopf karamellisieren. Ein Backblech mit Backpapier belegen. Walnusskerne unter den Karamell rühren. Walnuss-Krokant auf das Backblech geben und sofort mit einer Gabel auseinanderziehen. Den Karamell Erkalten lassen und anschließend in kleine Stücke brechen oder hacken.

02 Eigelb mit Zucker in einer Rührschüssel mit einem Mixer (Rührstäbe) dick-cremig schlagen. Den Zimt unterrühren.

03 Für das Parfait Eiweiß steif schlagen. Den Zucker dabei einrieseln lassen.

04 Zunächst den Eischnee vorsichtig unter die Eigelbcreme heben. Dann die Crème double vorsichtig unterheben. Zuletzt den Walnuss-Krokant ebenfalls unterheben.

05 Die Parfaitmasse in eine nicht zu hohe gefrierfeste Form füllen und zugedeckt in das Gefrierfach stellen. Das Parfait etwa 5 Stunden gefrieren lassen.

06 Die Eisform etwa 10 Minuten vor dem Servieren aus dem Gefrierfach nehmen und kurz in heißes Wasser tauchen. Walnuss-Zimt-Parfait auf eine Platte stürzen und in Scheiben schneiden.

Hinweis: Nur ganz frische Eier verwenden, die nicht älter als 5 Tage sind (Legedatum beachten).

Tipp: Die doppelte Menge Krokant zubereiten. Parfait mit der anderen Hälfte des Krokants garnieren.

Pro Portion: E: 6 g, F: 29 g, Kh: 22 g, kJ: 1555, kcal: 374, BE: 2,0

Tipp zum Vorbereiten

* Das Parfait à l'orange sollte maximal 2 Tage vor dem Verzehr zubereitet werden.

Parfait à l'orange

Mit Orangenlikör

Zubereitungszeit: 30 Minuten
Gefrierzeit: etwa 5 Stunden
12 Portionen

Für das Parfait:
6 Eier (Größe M)
200 g Zucker
2 Pck. Dr. Oetker Bourbon-Vanille-Zucker
120 ml Orangenlikör
1 kg Schlagsahne (mind. 30 % Fett)
100 g Zucker

Zum Belegen:
etwa 200 g dünne Schokotäfelchen, z. B. Zartbitter, Vollmilch, Mokka

01 Für das Parfait Eier mit Zucker und Vanille-Zucker in einem Topf unter ständigem Rühren mit einem Schneebesen bei mittlerer Hitze zu einer dicklich-cremigen Masse aufschlagen. Die Masse darf nicht kochen, da die Eier sonst gerinnen.

02 Den Topf von der Kochstelle nehmen und sofort in eiskaltes Wasser stellen. Die Masse unter Rühren erkalten lassen. Orangenlikör unterrühren. Sahne mit Zucker in zwei Portionen steif schlagen und unterheben.

03 Zwei flache, gefrierfeste Formen (je etwa 20 x 30 cm) so glatt wie möglich mit Frischhaltefolie auslegen. Die Parfaitmasse in die Formen füllen. Formen mit Alufolie verschließen und in den Gefrierschrank stellen. Die Parfaitmasse etwa 5 Stunden gefrieren lassen.

04 Die Parfaits nacheinander vorsichtig mit der Frischhaltefolie aus der Dose heben. Das Parfait mit der Frischhaltefolie auf kalte Platten legen, dann mit Schokotäfelchen belegen. Die Schokotäfelchen auch mit Frischhaltefolie belegen und das Parfait vorsichtig umdrehen. Die andere Seite der Parfaits ebenfalls mit Schokotäfelchen belegen. Das Parfait in Größe der Schokotäfelchen in Stücke schneiden.

Hinweis: Nur ganz frische Eier verwenden, die nicht älter als 5 Tage sind (Legedatum beachten).

Tipp: Sie können die Parfaitmasse auch in einer vorbereiteten Eismaschine evtl. in 2 Portionen in etwa 40 Minuten gefrieren lassen.

Pro Portion: E: 6 g, F: 30 g, Kh: 34 g, kJ: 1871, kcal: 447, BE: 3,0

Tipp zum Vorbereiten

* Die Eisbombe Bismarck kann bis zu einer Woche vor dem Verzehr zubereitet werden. Stellen Sie die Eisbombe dann etwa ½ Stunde vor dem Servieren in den Kühlschrank, anschließend wie unter Punkt 7 beschrieben servieren.

Eisbombe Bismarck

Zarte Liebe

Zubereitungszeit: 1 Stunde
Gefrierzeit: 6 Stunden
12 Portionen

Für die Eismasse:
6 Eigelb (Größe M)
200 g Zucker
2 Pck. Dr. Oetker Vanillin-Zucker
75 ml Milch (3,5 % Fett)
480 g abgetropfte Aprikosenhälften (aus der Dose)
4 EL Aprikosensaft (aus der Dose)
1 kg Schlagsahne (mind. 30 % Fett)
50 g Zucker
25 g gehobelte Mandeln

Zum Garnieren:
50 g Baisertropfen (Fertigprodukt)
50 g Raspelschokolade

01 Für die Eismasse Eigelb mit Zucker, Vanillin-Zucker und Milch in einer hitzebeständigen Schüssel verschlagen und dann im heißem Wasserbad (85–90 °C) mit einem Schneebesen zu einer dicklich-cremigen Masse aufschlagen.

02 Die Schüssel sofort in eiskaltes Wasser stellen. Die Masse unter Rühren erkalten lassen.

03 Von den Aprikosen den Saft auffangen und 4 Esslöffel davon abmessen. 3–4 Aprikosenhälften zum Garnieren beiseitelegen. Die restlichen Aprikosen mit einem Pürierstab fein pürieren.

04 Sahne in zwei Portionen steif schlagen. Den abgemessenen Aprikosensaft mit Zucker und Mandeln unter die Eigelbmasse rühren. Die Sahne in 2–3 Portionen unterheben. Das Aprikosenpüree dazugeben und vorsichtig so unterziehen, dass dabei Schlieren sichtbar bleiben.

05 Die Eismasse in eine Kastenform (25 x 11 cm, mit Frischhaltefolie ausgelegt) füllen und glatt streichen. Die Form zugedeckt mindestens 6 Stunden in das Gefrierfach stellen.

06 Einige Baisertupfen nach Belieben grob zerbröseln. Die beiseitegelegten Aprikosenhälften in Spalten schneiden.

07 Zum Servieren die Eisform kurz in heißes Wasser halten. Anschließend die Eisbombe stürzen und nach Belieben mit Baisertupfen oder -bröseln, Aprikosenspalten und Schokoladenraspeln garniert servieren.

Tipps: Das überschüssige Eiweiß kann gut eingefroren und z. B. für eine größere Menge Rührei oder Kokosmakronen verwendet werden. Geben Sie nach Belieben 2 Esslöffel Aprikosenlikör in die Eismasse. Aprikosen können Sie durch Pfirsiche ersetzen.

Pro Portion: E: 5 g, F: 32 g, Kh: 37 g, kJ: 1921, kcal: 460, BE: 3,0

Tipp zum Vorbereiten

* Das Latte-Macchiato-Eis kann bis einschließlich Punkt 3, auch 2–3 Tage vor dem Verzehr zubereitet werden. Das Topping dann vor dem Servieren wie ab Punkt 4 beschrieben zubereiten und das Dessert fertigstellen.

Latte-Macchiato-Eis

Lebensfreude auf italienisch

Zubereitungszeit: 45 Minuten
Gefrierzeit: etwa 5 Stunden
12 Portionen

Für die Eismasse:
6 Eier (Größe M)
90 g Zucker
140 ml Espresso
800 g Schlagsahne (mind. 30 % Fett)

Für das Topping:
400 g Schlagsahne (mind. 30 % Fett)
5 Pck. Dr. Oetker Vanillin-Zucker

Zum Bestäuben:
evtl. etwas Kakao zum Backen

01 Für die Eismasse Eier mit Zucker und Espresso in einem Topf verschlagen und bei mittlerer Hitze unter ständigem Rühren mit einem Schneebesen aufschlagen, bis eine dicklich-cremige Masse entstanden ist.

02 Den Topf in eiskaltes Wasser stellen. Die Eiercreme unter Rühren erkalten lassen.

03 Die Sahne sehr steif schlagen und unter die Eiercreme heben. Dann die Creme gleichmäßig in 12 gefriergeeigneten Gläser verteilen. Dabei darauf achten, dass die Gläser nur zu zwei Dritteln gefüllt sind. Die Gläser zugedeckt etwa 4 Stunden in das Gefrierfach stellen.

04 Für das Topping Sahne mit Vanillin-Zucker steif schlagen. Die Vanillesahne gleichmäßig auf dem Eis in den Gläsern verteilen. Das Eis zugedeckt etwa 1 weitere Stunde in das Gefrierfach stellen.

05 Nach Belieben das Latte-Macchiato-Eis mit etwas Kakaopulver bestäubt servieren.

Tipp: Sie können unter Punkt 1 die Eier mit Zucker und Espresso auch in einer hitzebeständigen Schüssel verschlagen und dann im heißen Wasserbad (85–90 °C) mit einem Schneebesen zu einer dicklich-cremigen Masse aufschlagen. Diese Methode des Aufschlagens dauert länger (20–30 Minuten), aber so können auch Ungeübte sicher sein, dass die Creme nicht anbrennt.

Pro Portion: E: 6 g, F: 34 g, Kh: 14 g, kJ: 1626, kcal: 389, BE: 1,0

Tipp zum Vorbereiten

* Das Crème-fraîche-Eis kann 3–4 Tage vor dem Verzehr zubereitet werden.

Crème-fraîche-Eis

Schnell gemacht

Zubereitungszeit: 30 Minuten
Gefrierzeit: etwa 5 Stunden
12 Portionen

Für die Eismasse:
40 g Traubenzucker
8 Messlöffel pflanzliches Bindemittel (8 g, z. B. Bindobin, erhältlich im Bio-Laden oder Reformhaus)
800 g Crème fraîche
140 g flüssiger Honig (z. B. Blüten- oder Akazienhonig)
500 g Schlagsahne (mind. 30 % Fett)

01 Für die Eismasse Traubenzucker und pflanzliches Bindemittel in einer Rührschüssel verrühren. Crème fraîche und Honig hinzugeben und mit einem Schneebesen glatt rühren. Die Masse zugedeckt etwa 15 Minuten in den Kühlschrank stellen.

02 Die Sahne steif schlagen und unter die Crème-fraîche-Masse heben. Die Crème-fraîche-Creme in eine gefrierfeste, flache Form füllen und zugedeckt in das Gefrierfach stellen. Die Crème-fraîche-Creme etwa 5 Stunden gefrieren lassen. Dabei die Creme alle 30 Minuten umrühren.

Tipps: Servieren Sie dazu eine **Apfeltarte:** Dafür 225 g TK-Blätterteig (5 quadratische Platten) auftauen lassen, aufeinander legen und ausrollen. Eine Tarteform (ø 28 cm) damit auslegen. Den Teig mit einer Gabel mehrmals einstechen. Den Backofen vorheizen. Ober-/Unterhitze: etwa 200 °C, Heißluft: etwa 180 °C. 3–4 Äpfel schälen, in feine Spalten schneiden und auf den Blätterteigboden legen. Die Äpfel mit 1 Päckchen Dr. Oetker Vanillin-Zucker und 50 g gehobelten Mandeln bestreuen. Die Form auf dem Rost in den vorgeheizten Backofen schieben. Die Tarte **etwa 25 Minuten backen.** 150 g Aprikosenkonfitüre mit 1 Esslöffel Wasser in einem kleinen Topf unter Rühren zum Kochen bringen. Die Tarte noch heiß damit bestreichen (stückige Konfitüre nach dem Aufkochen durch ein Sieb streichen). Die Tarte lauwarm oder kalt servieren.

Variante: **Crème-fraîche-Eis mit Toffee** (12 Portionen)
Dafür 1 Grundrezept Crème-fraîche-Eis wie beschrieben zubereiten. 300 g Sahne-Toffees fein hacken. Die Hälfte davon mit 2 Esslöffeln Schlagsahne und 60 g Butter in einem Topf bei schwacher Hitze zu einer glatten Masse verrühren. Den Topf von der Kochstelle nehmen. Die Toffee-Butter-Masse abkühlen lassen. Die restlichen gehackten Sahne-Toffees unterrühren. Die Masse marmorartig unter das Crème-fraîche-Eis rühren, nochmals kurz gefrieren lassen.

Pro Portion: E: 3 g, F: 40 g, Kh: 19 g, kJ: 1873, kcal: 451, BE: 1,5

Ratgeber

Wenn alle miteinander feiern, gehören leckeres Essen, Getränke und ein unwiderstehlich gutes Dessert dazu.

- Desserts, die Sie gut mitnehmen können, haben wir mit Tipps, wie sie sich am besten verpacken und unbeschadet transportieren lassen versehen. So können Sie das Dessert zubereiten und als kulinarischen Beitrag zum anstehenden Straßen- oder Kinderfest, zur Familienfeier oder zum fröhlichen Spieleabend mitnehmen. Tipps zum Vorbereiten sind ebenfalls gesondert angegeben.

- Wenn Alkohol verwendet wird, haben wir, wo immer das möglich ist, Alternativen angegeben. In einigen wenigen Rezepten lässt sich der Alkohol jedoch nicht ohne weiteres austauschen.

- Damit Ihnen das Zubereiten und Anrichten der größeren Portionen gut gelingt, ist es hilfreich, im Vorfeld zu prüfen, ob Ihnen genügend Schalen oder Auflaufformen zur Verfügung stehen. Ansonsten fragen Sie in der Nachbarschaft nach, ob Ihnen jemand aushilft.

- Viele Desserts lassen sich gut in Trink- oder Schraubgläser abfüllen. Das sieht nicht nur schön aus, sondern hat den Vorteil, dass die einzelnen Portionen appetitlich bleiben.

- Findet die Feier im Sommer statt, sorgen Sie dafür, dass Ihre Desserts, insbesondere wenn sie kühlpflichtige Zutaten wie z.B. Sahnecremes oder Quarkmischungen enthalten, gut gekühlt sind und bleiben. Wenn Sie die Rezepte in kleineren Portionen zubereiten, beachten Sie, dass sich Kühl- oder Backzeiten evtl. ändern. Im Zweifelsfall rufen Sie einfach bei uns an, wir helfen Ihnen gern!

Und zuletzt: Denken Sie daran, das Auge isst mit! Dekorieren Sie die Desserts liebe- und fantasievoll. An kleine Schraubgläser können Sie mit etwas Bast- oder Schleifenband selbst gemachte Schildchen aus Fotokarton oder einfachem Packpapier befestigen, auf denen steht, um welche Köstlichkeit es sich handelt …

Hinweise zu den Rezepten

Lesen Sie vor der Zubereitung – besser noch vor dem Einkauf – das Rezept einmal vollständig durch. So werden Arbeitsabläufe oder -zusammenhänge verständlicher.

Die Rezepte in diesem Buch sind – sofern im Rezept nicht anders angegeben – für 12 Portionen berechnet. Egal ob einfach oder anspruchsvoll, schnell oder etwas aufwändiger, alle Rezepte sind so beschrieben, dass Sie Ihnen sicher gelingen.

Zutatenliste
Die Zutaten sind in der Reihenfolge ihrer Verarbeitung aufgeführt.

Arbeitsschritte
Die Arbeitsschritte sind einzeln hervorgehoben, in der Reihenfolge, in der sie von uns ausprobiert wurden.

Zubereitungszeiten
Die Zubereitungszeit ist ein Anhaltswert für die Dauer der Vorbereitung und die eigentliche Zubereitung. Längere Wartezeiten wie Kühl- oder Abkühlzeiten, Auftau- und Durchziehzeiten sind, sofern parallel keine weitere Tätigkeit erfolgt, nicht in der Zubereitungszeit enthalten. Die Gar- und Backzeiten sowie die Kühl- und Gefrierzeiten haben wir, wo sinnvoll und möglich, gesondert angegeben.

Backofeneinstellung und Back- und Garzeiten
Die in den Rezepten angegebenen Backofentemperaturen, Back- und Garzeiten sind Richtwerte, die je nach individueller Hitzeleistung des Backofens über- oder unterschritten werden können. Die Temperaturangaben in diesem Buch beziehen sich auf Elektrobacköfen. Die Möglichkeiten der Temperatureinstellung für Gasbacköfen variieren je nach Hersteller, sodass wir keine allgemeingültigen Angaben machen können. Bitte beachten Sie deshalb bei der Einstellung des Backofens die Gebrauchsanleitung des Herstellers. Ein Backofenthermometer eignet sich dabei gut, um die Backofentemperatur im Blick zu haben.

Abkürzungen

EL	=	Esslöffel
TL	=	Teelöffel
Msp.	=	Messerspitze
Pck.	=	Packung/Päckchen
Btl.	=	Beutel
g	=	Gramm
kg	=	Kilogramm
ml	=	Milliliter
l	=	Liter
evtl.	=	eventuell
geh.	=	gehäuft
gem.	=	gemahlen
ger.	=	gerieben
gestr.	=	gestrichen
TK	=	Tiefkühlprodukt
°C	=	Grad Celsius
Ø	=	Durchmesser

Kalorien-/ Nährwertangaben

E	=	Eiweiß
F	=	Fett
Kh	=	Kohlenhydrate
kJ	=	Kilojoule
kcal	=	Kilokalorien
BE	=	Broteinheiten

Bei den Nährwertangaben in den Rezepten handelt es sich um auf- bzw. abgerundete ganze Werte. Lediglich die Broteinheiten werden in 0,5er-Schritten mit einer Stelle nach dem Komma angegeben.

Aufgrund von ständigen Rohstoffschwankungen und/oder Rezepturveränderungen bei Lebensmitteln kann es zu Abweichungen kommen. Die Nährwertangaben dienen daher lediglich Ihrer Orientierung und eignen sich nur bedingt für die Berechnung eines Diätplans, zum Beispiel bei Krankheiten wie Diabetes.

Bei krankheitsbedingten Diäten richten Sie sich daher bitte nach den Anweisungen Ihres Diätassistenten bzw. Ihres Arztes.

Kapitelregister

Fruchtgenuss

Cremegenuss

Backgenuss

Eisgenuss

Alphabetisches Register

Für Fragen, Vorschläge oder Anregungen stehen Ihnen der Verbraucherservice der Dr. Oetker Versuchsküche Telefon: 00800 71 72 73 74 Mo.–Fr. 8:00–18:00 Uhr (gebührenfrei in Deutschland) oder die Mitarbeiter des Dr. Oetker Verlages Telefon: +49 (0) 521 52 06 42 Mo.–Fr. 9:00–15:00 Uhr zur Verfügung.

Oder Sie schreiben uns: Dr. Oetker Verlag KG, Am Bach 11, 33602 Bielefeld.
Oder besuchen Sie uns online unter
www.oetker-verlag.de, www.facebook.com/Dr.OetkerVerlag oder www.oetker.de.

Umwelthinweis Dieses Buch und der Einband wurden auf chlorfrei gebleichtem Papier gedruckt. Die Einschrumpffolie – zum Schutz vor Verschmutzung – ist aus umweltfreundlichem und recyclingfähigem PE-Material.

Redaktion Carola Hülshoff, Christina Langner

Titelfoto Thomas Diercks, Hamburg
Innenfotos Walter Cimbal, Hamburg (S. 30, 66, 110)
Thomas Diercks, Hamburg (S. 22, 24, 36, 52, 56, 58, 80, 82, 86, 104, 112, 118, 120, 122, 124, 128, 130, 132, 140, 142, 144, 146, 148, 150, 154)
Ulli Hartmann, Halle/Westf. (S. 12, 18, 20, 26, 48, 62, 64, 68, 74, 78, 88, 92, 98, 126)
Christiane Krüger, Hamburg (S. 10, 14, 16, 28, 32, 34, 38, 42, 44, 46, 54, 60, 70, 72, 84, 90, 96, 100, 102, 116, 136)
Antje Plewinski, Berlin (S. 76)
Hans-Joachim Schmidt, Hamburg (S. 134)
Axel Struwe, Bielefeld, (S. 152)
Norbert Toelle, Bielefeld, (S. 40, 106)
Brigitte Wegner, Bielefeld, (S. 94, 114)

Rezeptentwicklung Susanne Raht, Hamburg

Nährwertberechnungen Nutri Service, Hennef

Grafisches Konzept kontur:design, Bielefeld
Titelgestaltung kontur:design, Bielefeld
Satz kontur:design, Bielefeld

Reproduktionen Mohn Media Mohndruck GmbH, Gütersloh
Druck und Bindung Mohn Media Mohndruck GmbH, Gütersloh

ISBN 978-3-7670-0857-1